こども
おりがみ

監修／小林一夫

池田書店

はじめに

このほんは、 みんなが　おりがみで
たくさんあそべるように　つくりました。
みんなのすきな　ぞうや　うさぎ、
にわとりのおやこや　かぶとむし、
そして　おいしそうな　プリンなど、
いろいろな　おりがみが　やさしく　つくれます。

ともだちと　いっしょに
おりがみで　あそんで　みましょう。
かわいい　ペンギンを　おるのは
だれが　いちばん　はやいかな。

おかあさんや　おうちのひとと
いっしょに　おるのも　たのしいですね。
へやの　かざりに　したり、 すきなものを　おって
みんなに　プレゼントすると　よろこばれます。

おりがみが　できたら　がようしに　はって、
すきなクレヨンで
まわりに　えを　かいてみましょう。

そして、 たのしい　おはなしを
じぶんで　かんがえて　かいてみるのも　よいでしょう。
せかいじゅう　どこにもない　すてきな
おりがみの　えほんが　できるでしょう。

あか　あお　きいろ　ももいろ　みどり　むらさき
きれいないろの　おりがみを　たくさん　よういして
このほんで　じゆうに　あそんでください。

おりがみ会館　館長

小林《こばやし》一夫《かずお》

もくじ

おりかたの やくそく

おりずで　つかう
きごうの　せつめいです
てんせんや　やじるしを
よくみて　おりましょう

やじるし

おる　ほうこうです

うらがわに　おります

おりかた

たにおり

てんせんが　うちがわに
かくれるように　おる

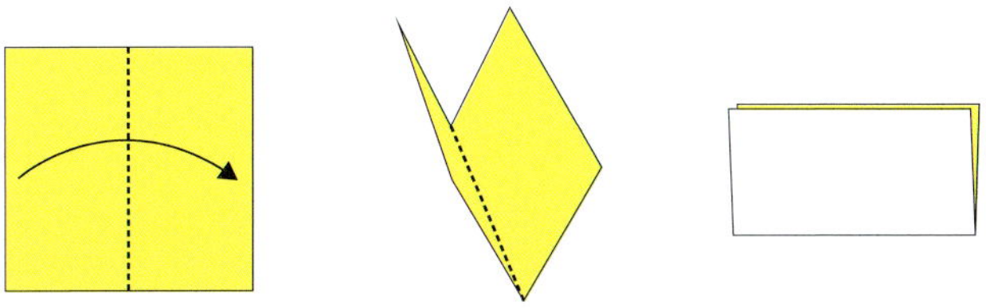

1　2　3

やまおり

てんせんが　そとがわに
でるように　おる

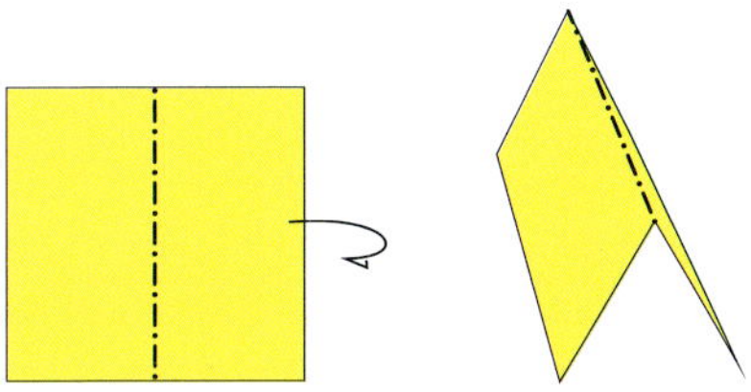

1　2　3

おりすじを つける

いちど　おって
おりめを　つけて　もどす

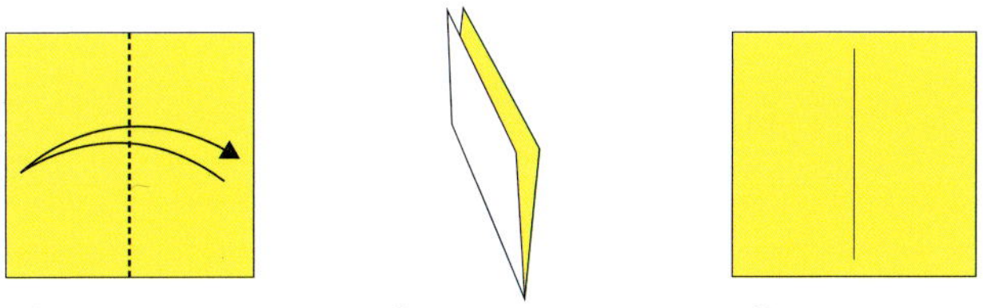

1　2　3

だんおり

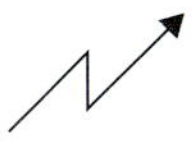

やまおりと　たにおりを
くりかえす

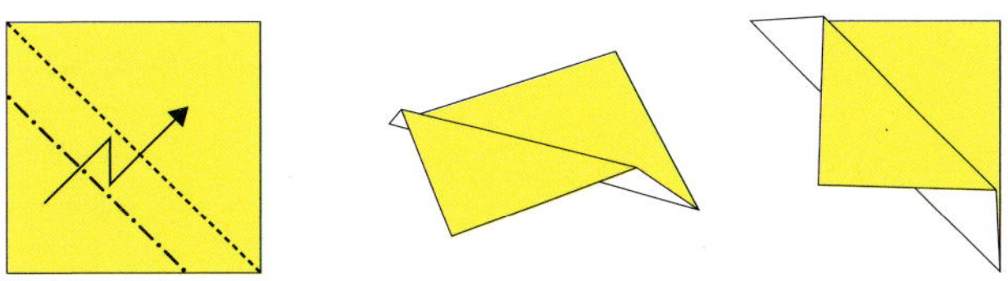

1　2　3

そのほかのおりかた

なかわりおり

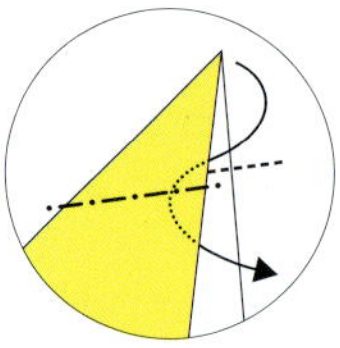

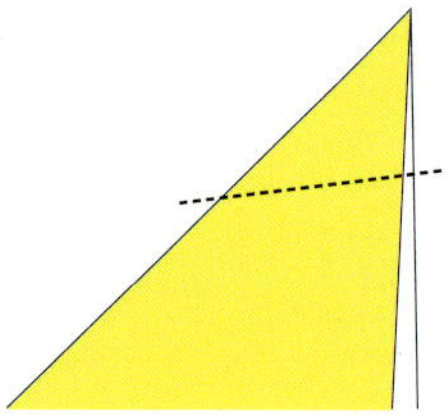

1

おりすじを　つける

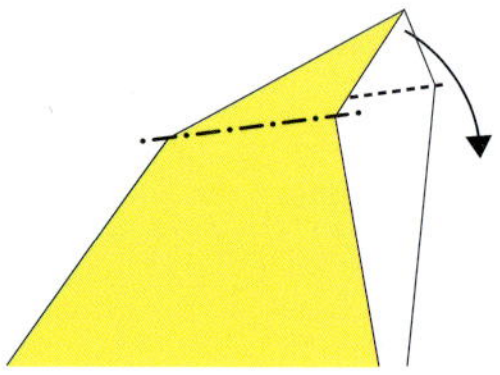

2

あいだを　ひろげて
なかに　おしこむように
おる

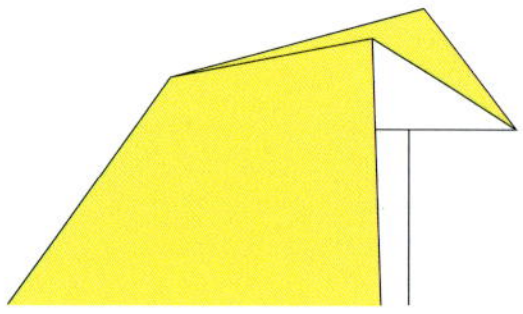

3

できあがり

かぶせおり

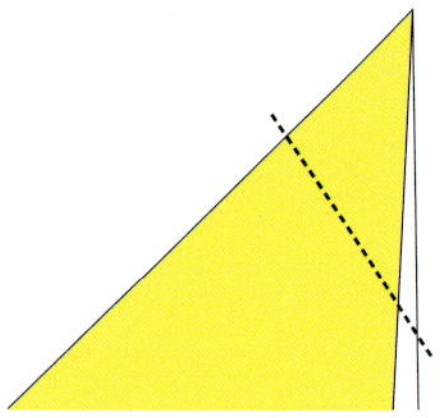

1

おりすじを　つける

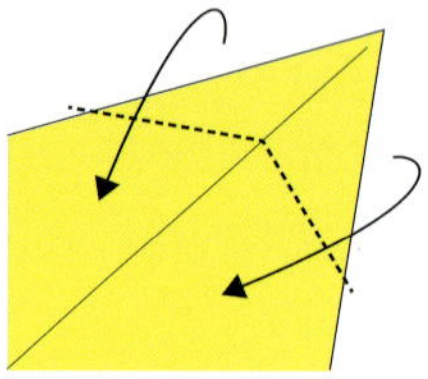

2

そとがわに　ひろげて
かぶせるように　おる

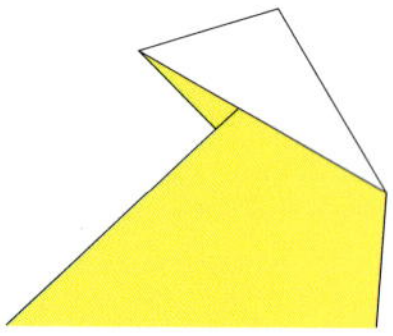

3

できあがり

きごう

かみの　むきを　かえる

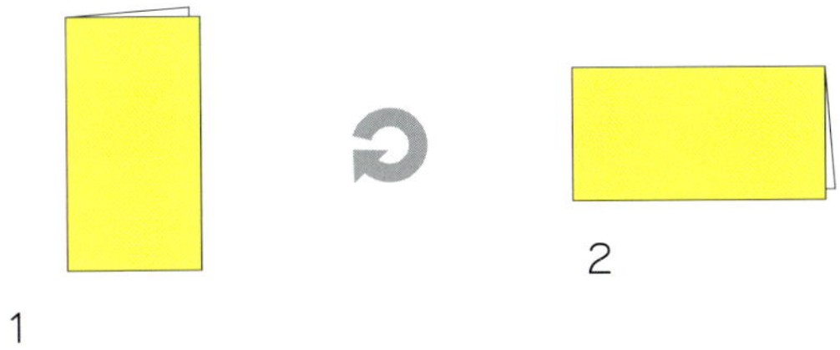

うらがえす

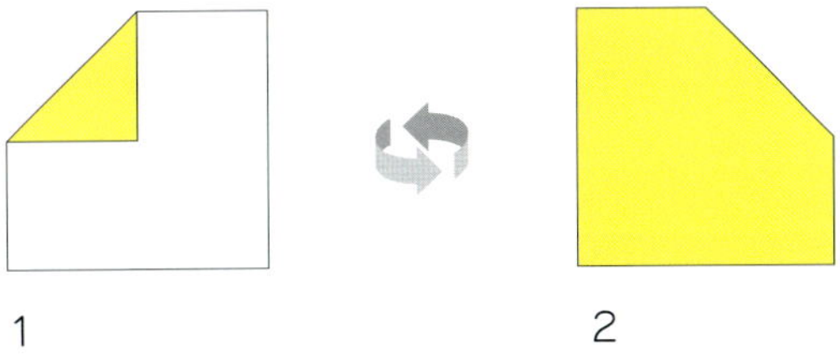

ずを　おおきくする

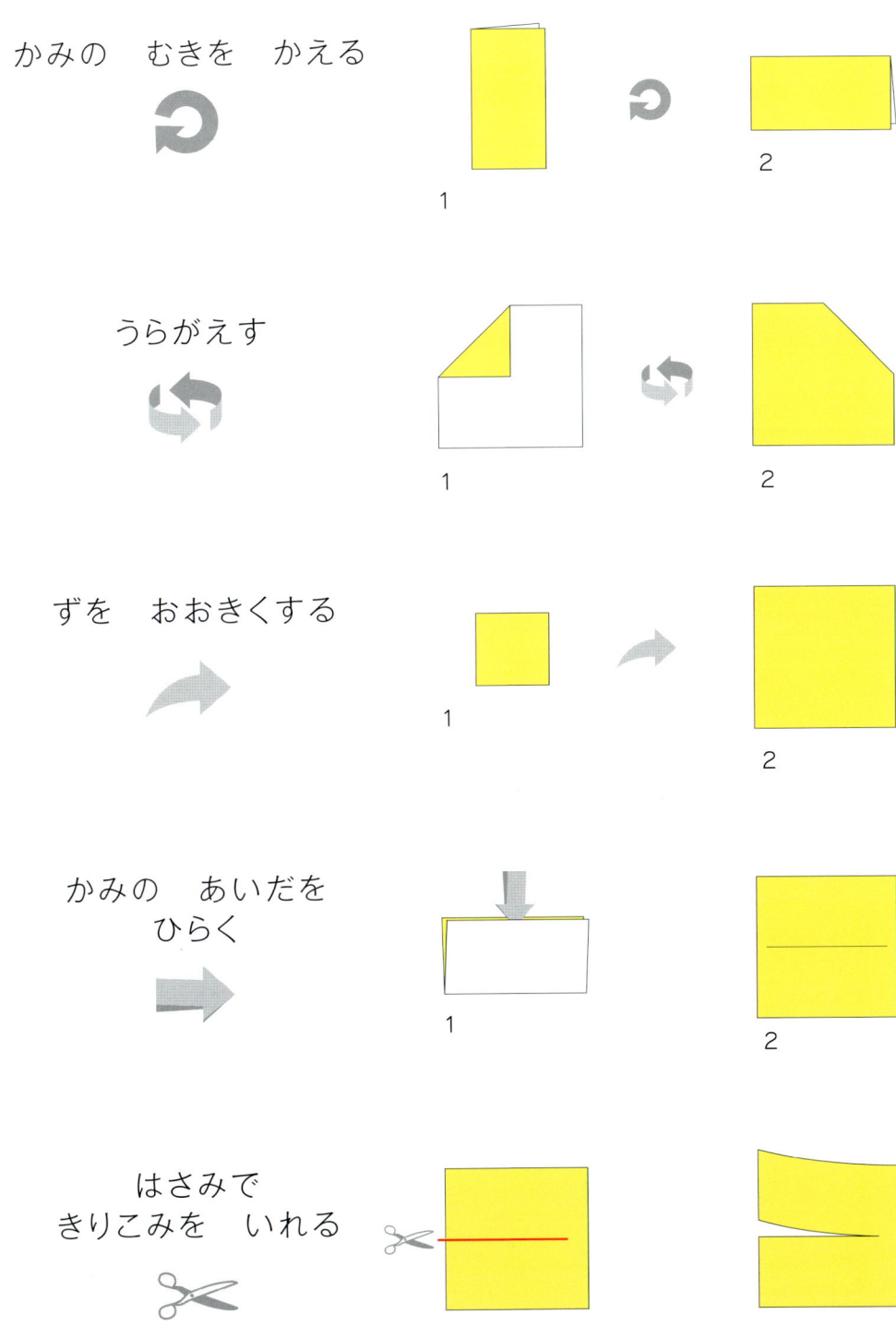

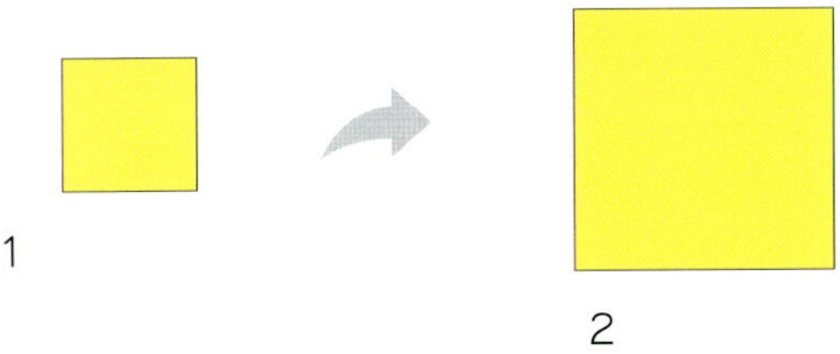

かみの　あいだを
ひらく

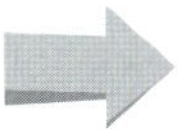

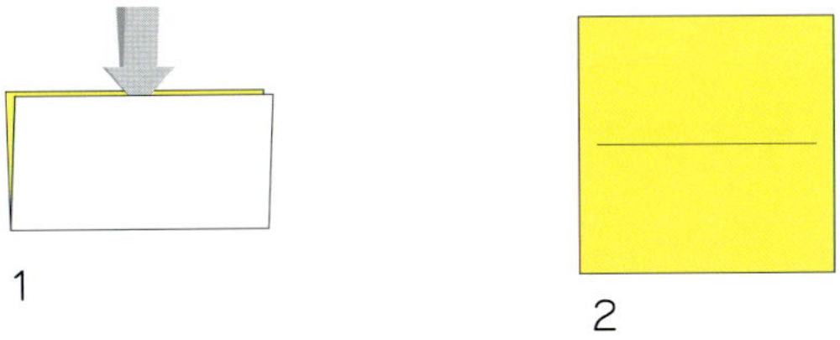

はさみで
きりこみを　いれる

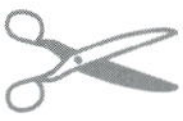

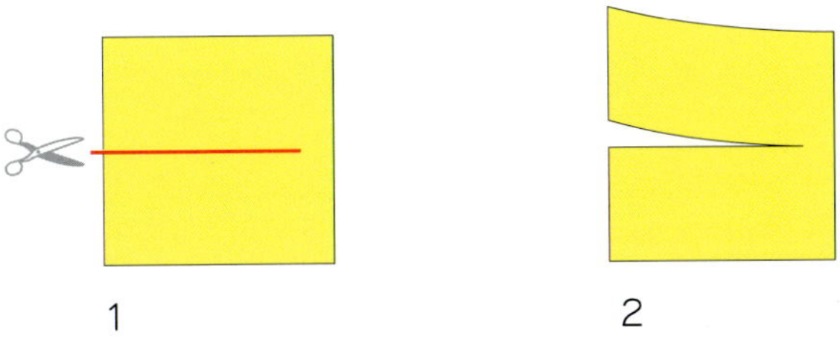

あおい　やまは　にほんいちの　やま
てっぺんが　しろいのは　なぜ？

ぷかぷか　ぷかぷか
わたあめ　みたいに
うかんでいるのは　なに？

ふじさん

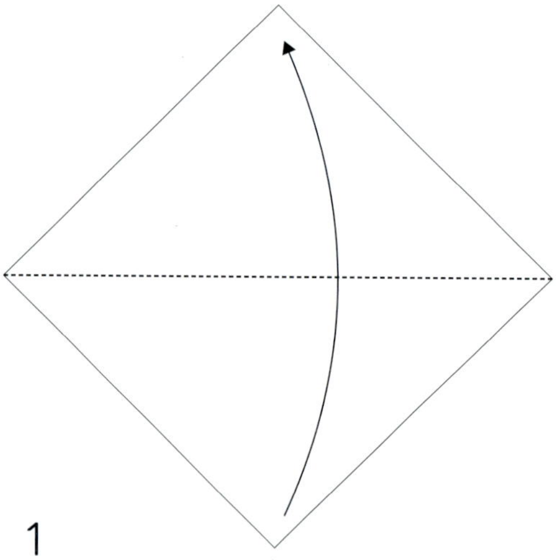

1

はんぶんに　おる

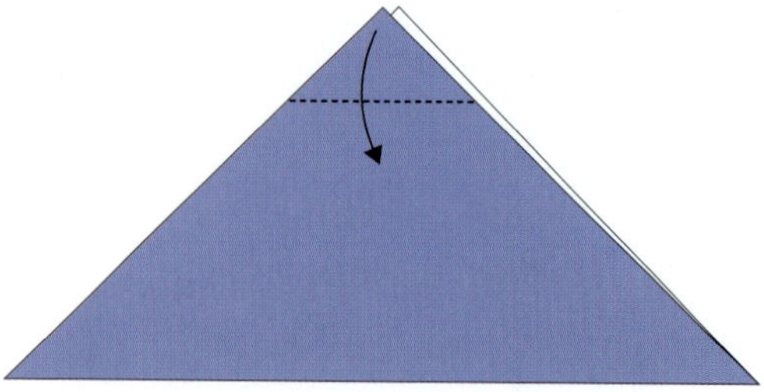

2

うえの　1まいを　すこしおる

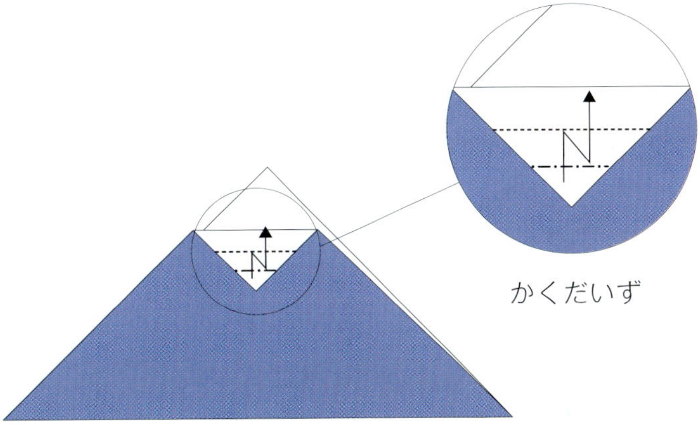

3

だんおりする

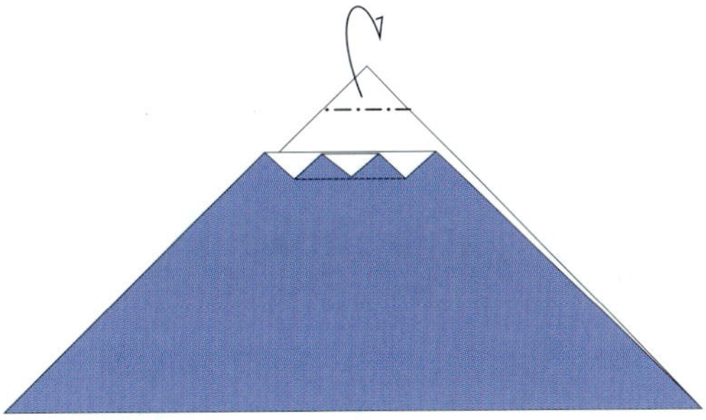

4

うしろの　1まいを　やまおりする

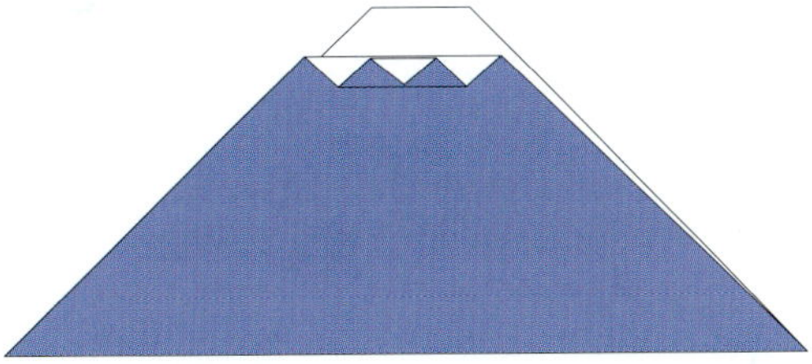

5

できあがり

くも

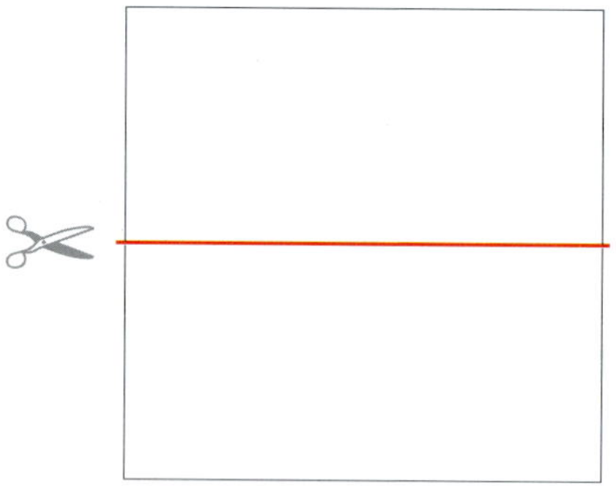

1

かみを　はんぶんくらいに　きる

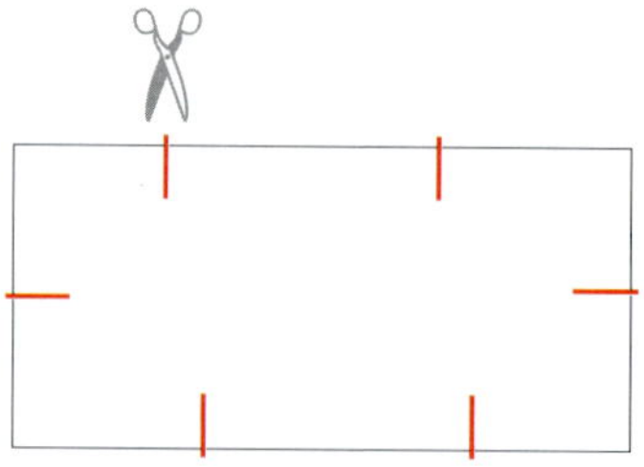

2

すきなところに　きりこみを　いれる
（6かしょ）

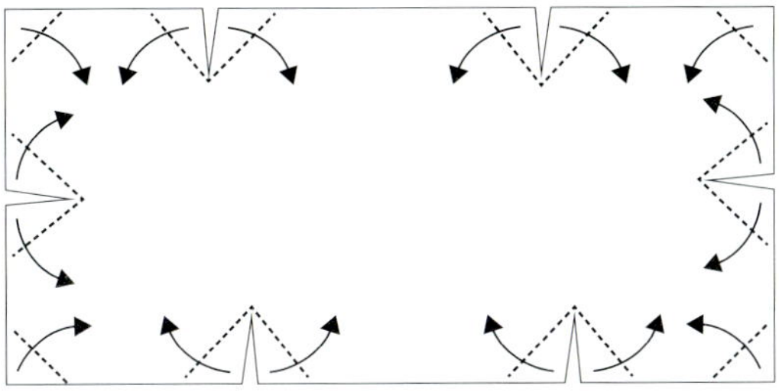

3

きったところを　さんかくに　おる
かども　さんかくに　おる

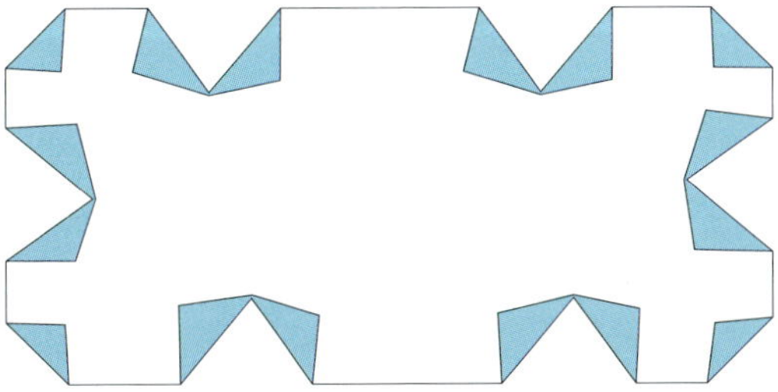

4

おったところ

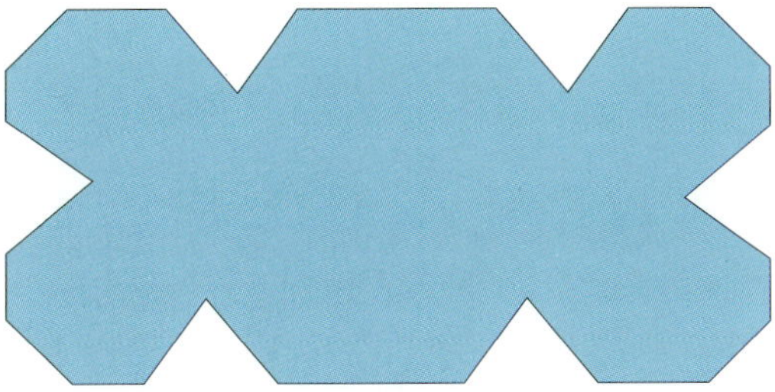

5

できあがり

みどりの　はっぱを　たくさんつけて

おいしい　くだものも　つくってくれる

のぼって　あそんだりも　できる

いっぽん　にほん　さんぼん　よんほん

あつまれば　もりができる

き

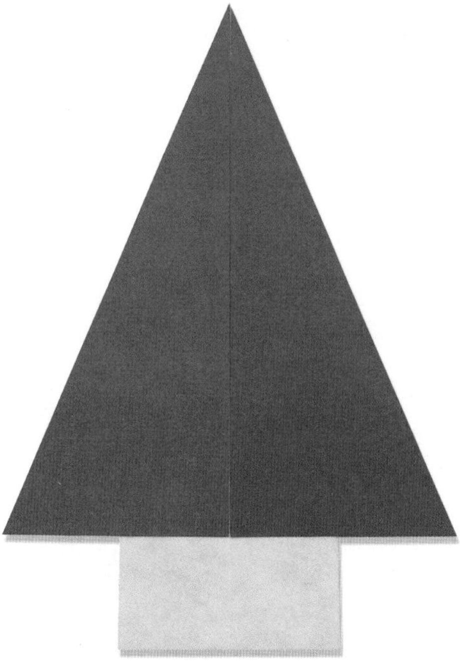

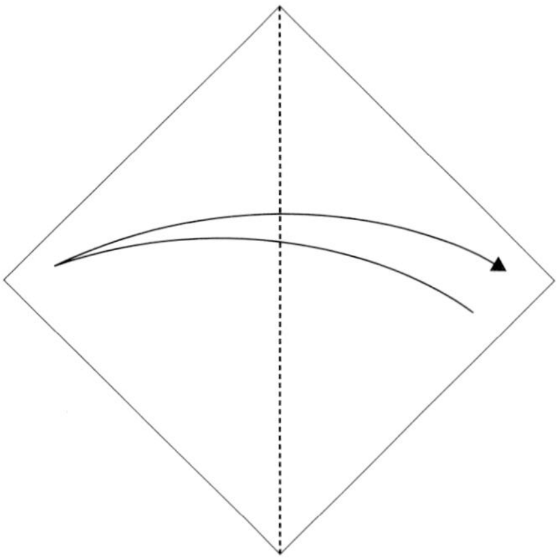

1

はんぶんに　おって　もどす

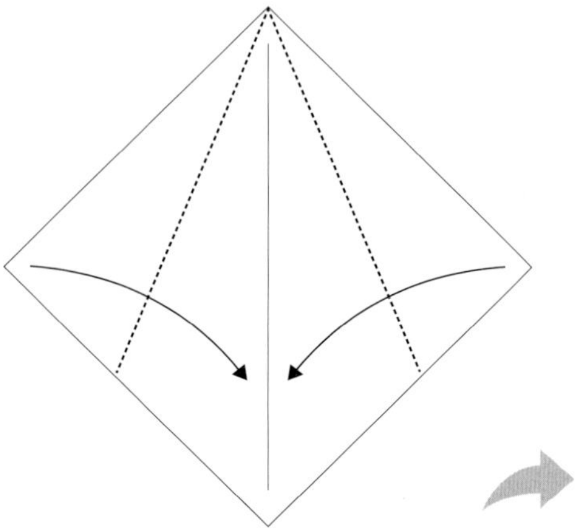

2

まんなかの　せんに　あわせて　おる

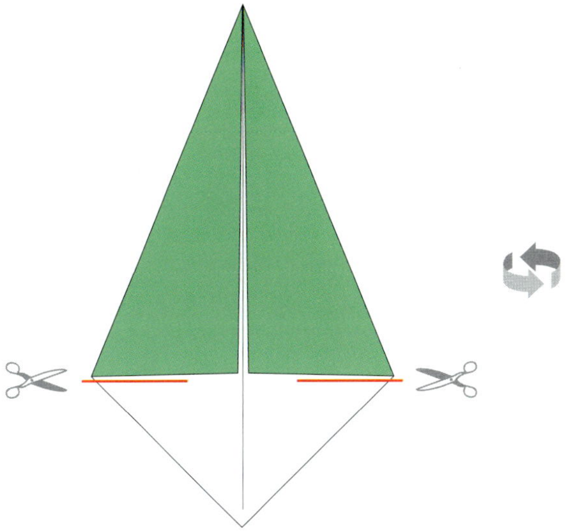

3

あかい　せんの　ところを
はさみで　きる

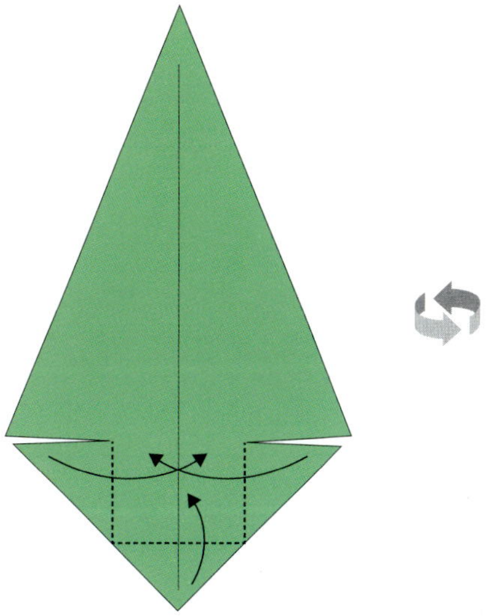

4

てんせんで　おる

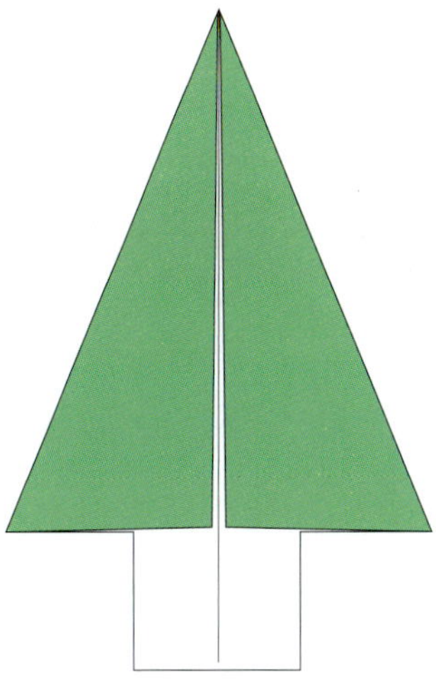

5

できあがり

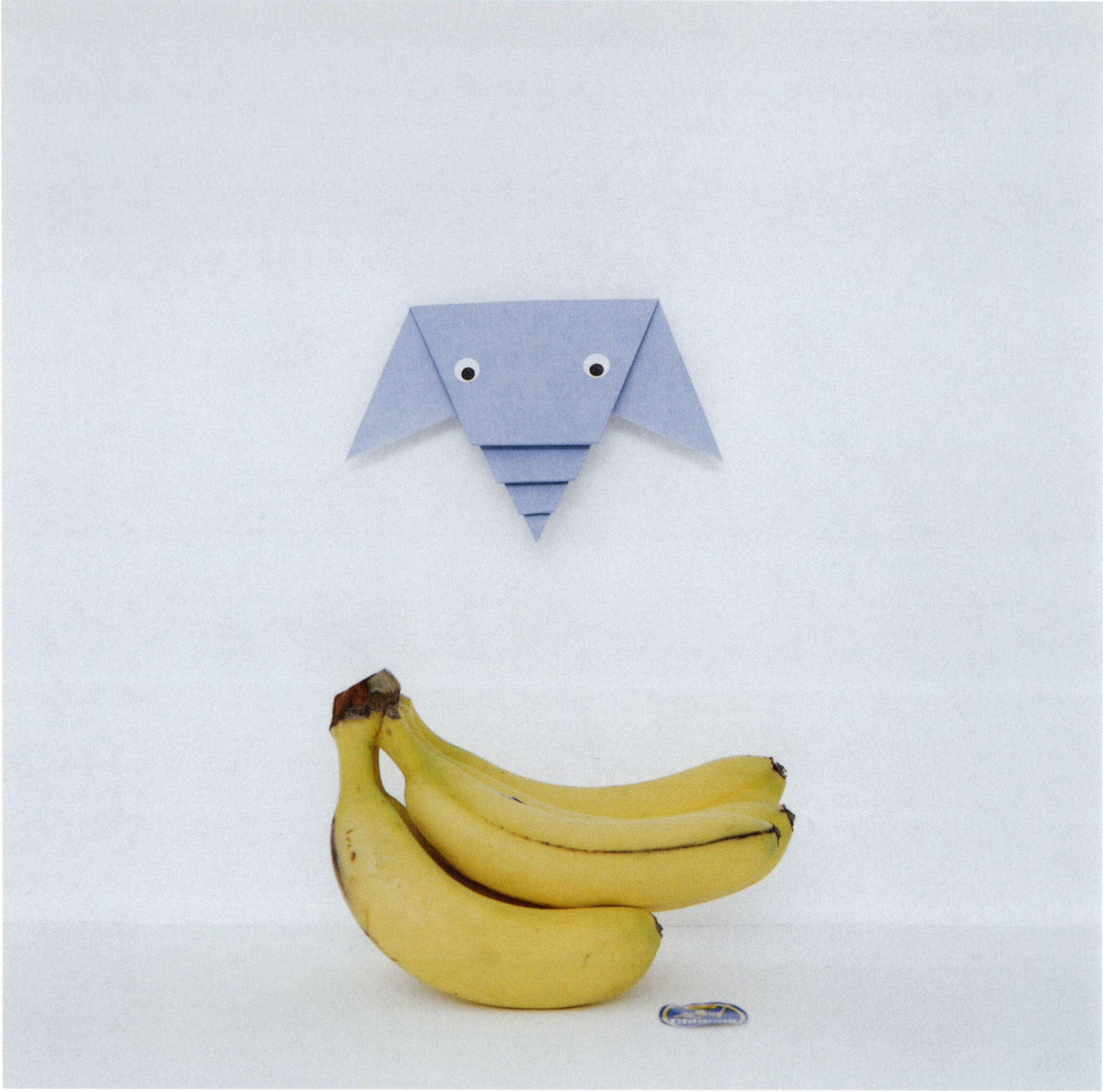

ながい　はなを　くるり

じょうずに　つかんで　くちへ　ぱくり

しろい　はなを　ひくひく

ちいさな　まえばで　にんじんを　かりかり

ぞう

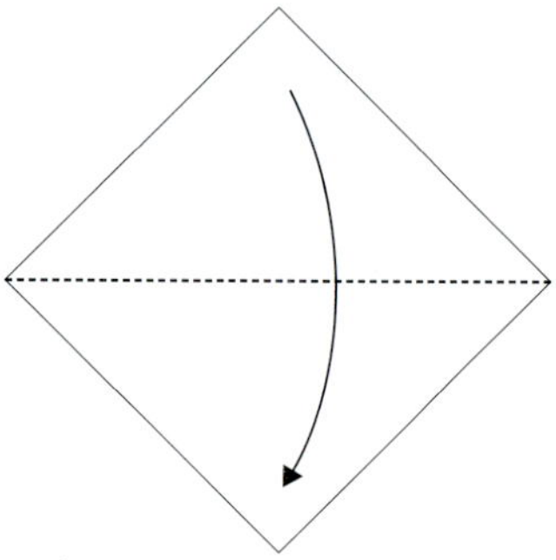

1

はんぶんに　おる

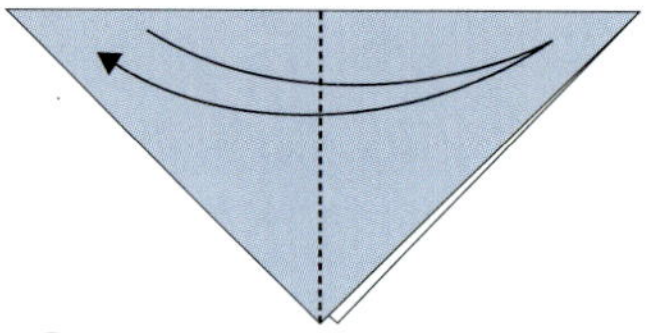

2

はんぶんに　おって
もどす

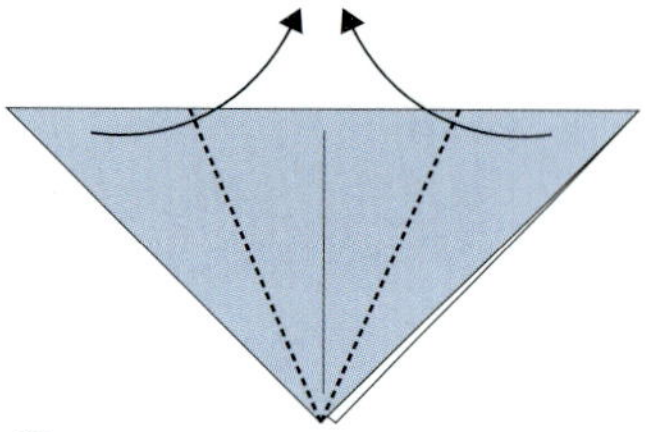

3

りょうはしを　まんなかの
せんに　あわせて　おる

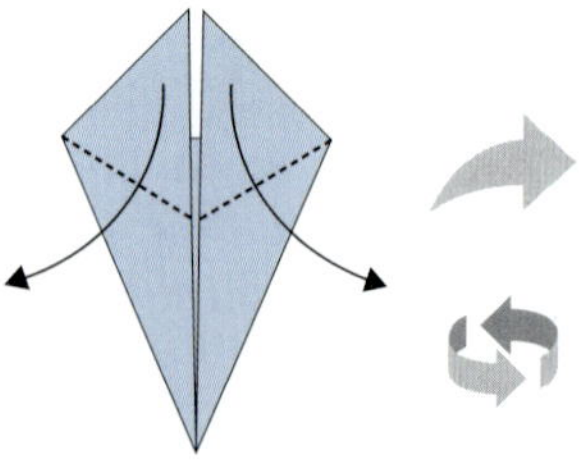

4

てんせんで　おる

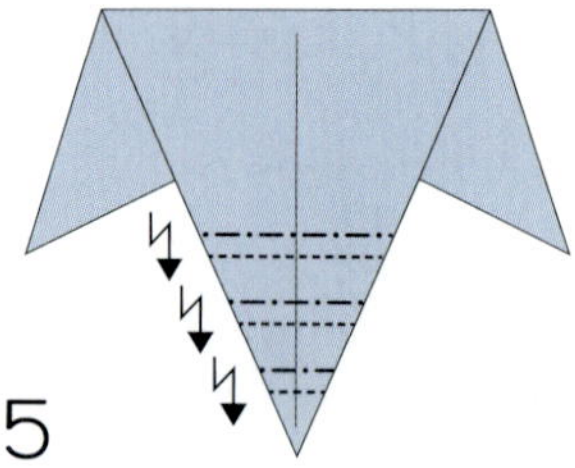

5

3かしょ　だんおりする

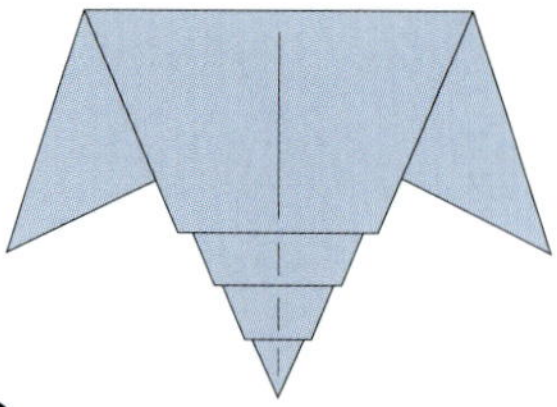

6

できあがり

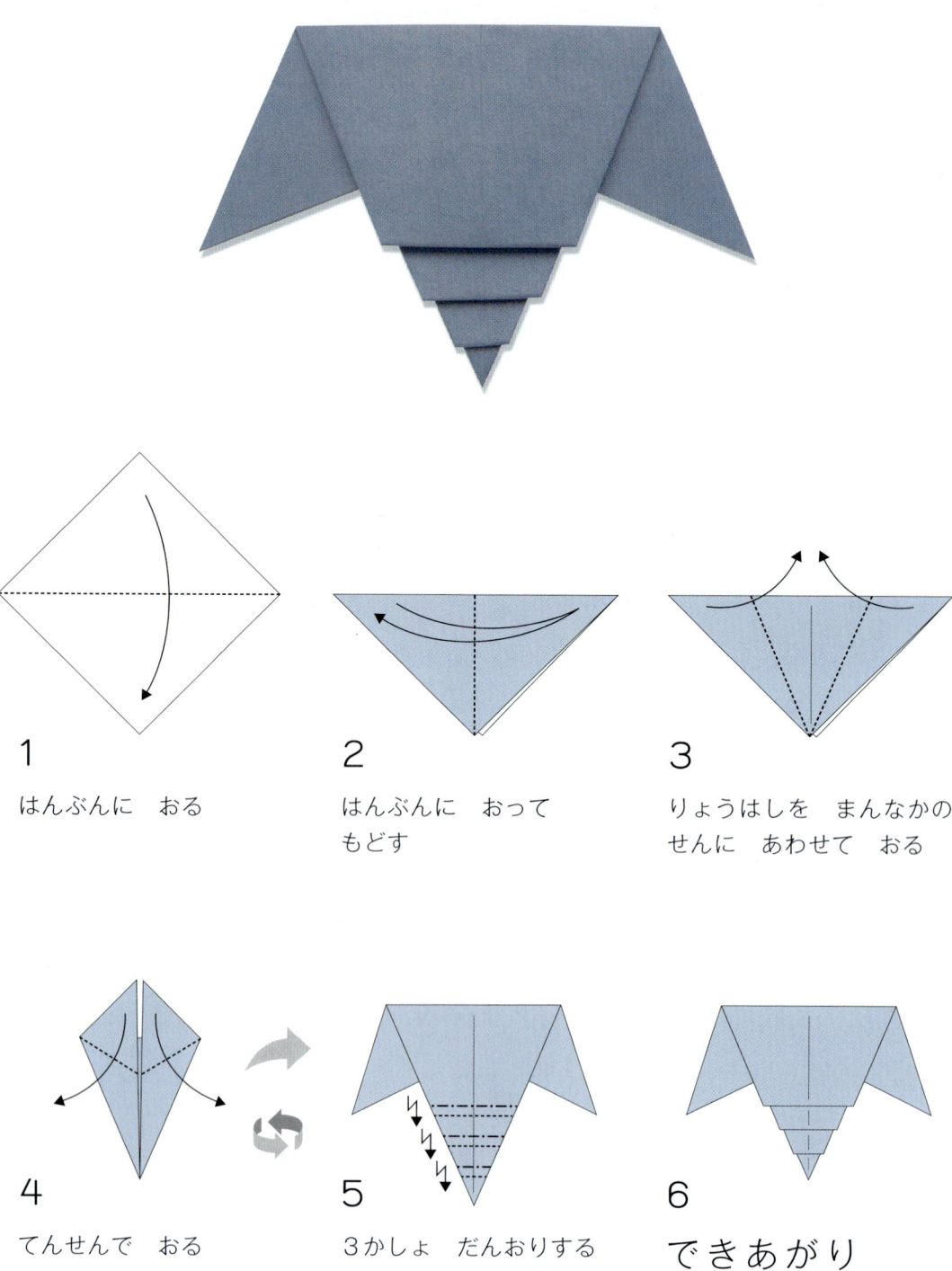

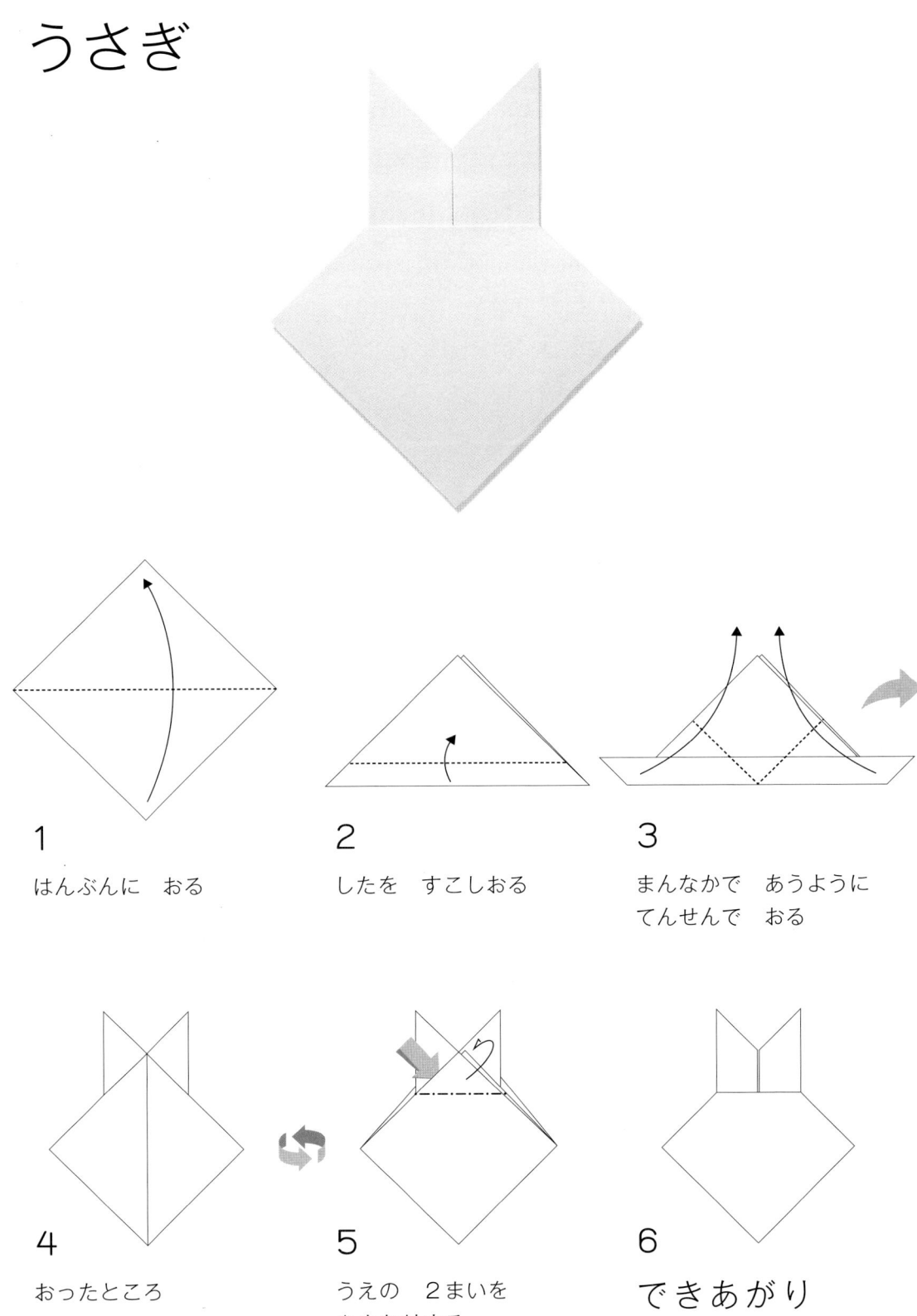

うさぎ

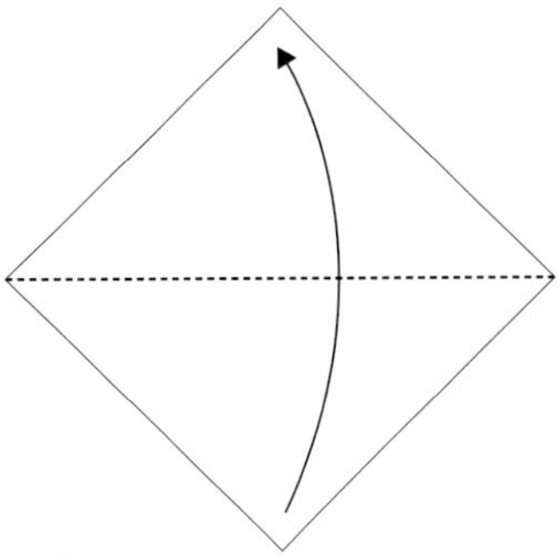

1

はんぶんに　おる

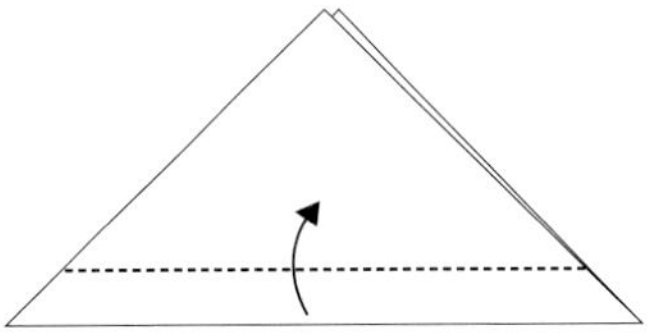

2

したを　すこしおる

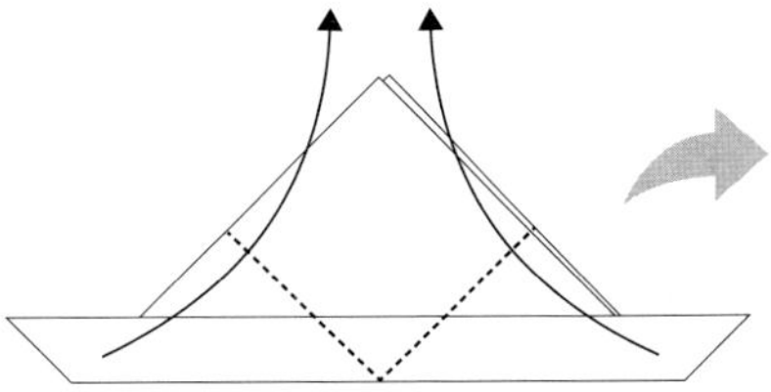

3

まんなかで　あうように
てんせんで　おる

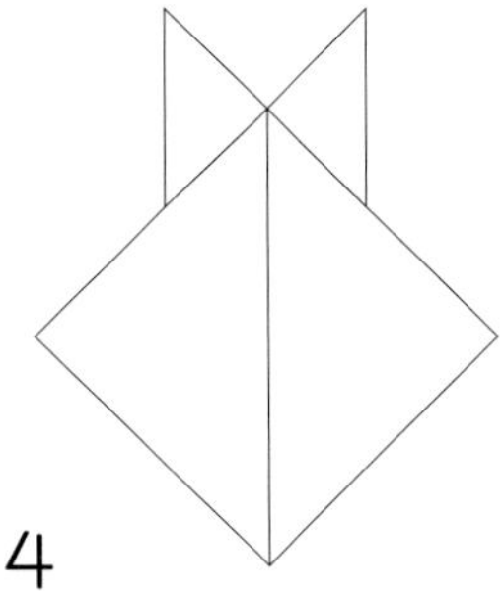

4

おったところ

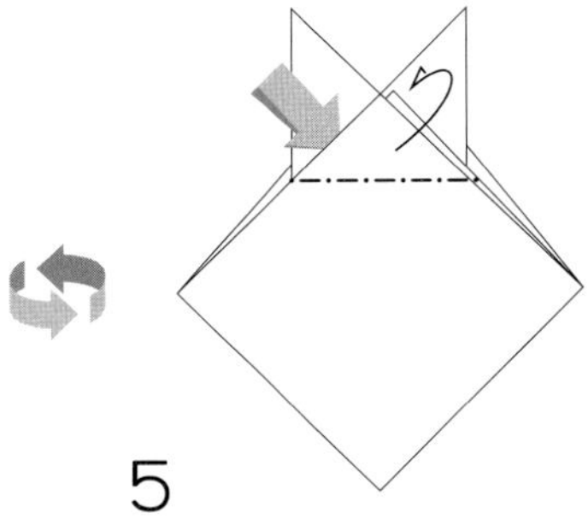

5

うえの　2まいを
やまおりする

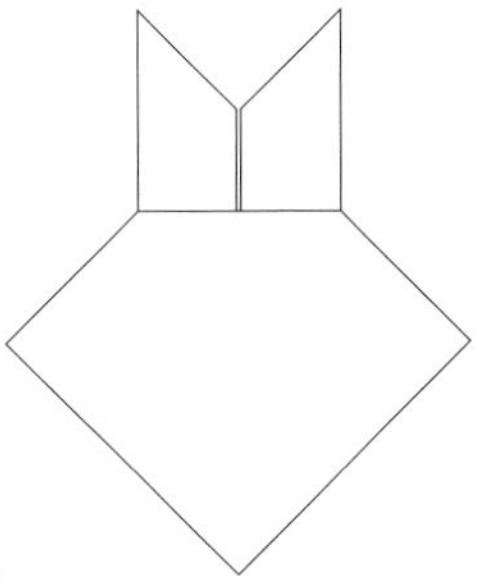

6

できあがり

ちゃぷちゃぷ　す～いっ

すました　かおで

みずのうえを　す～いっ

ちいさな　なみも　へいき

みずどり

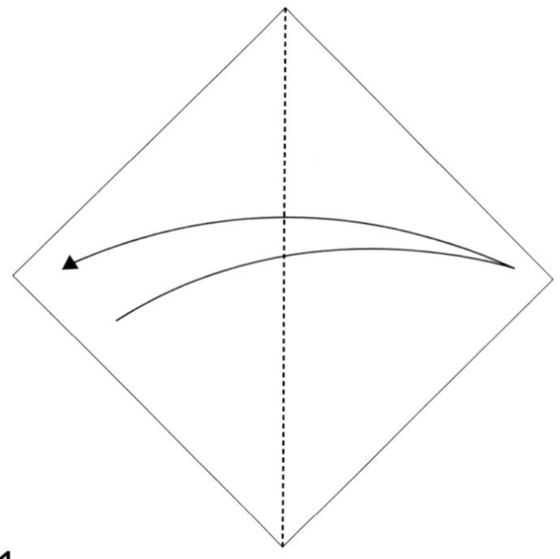

1

はんぶんに　おって　もどす

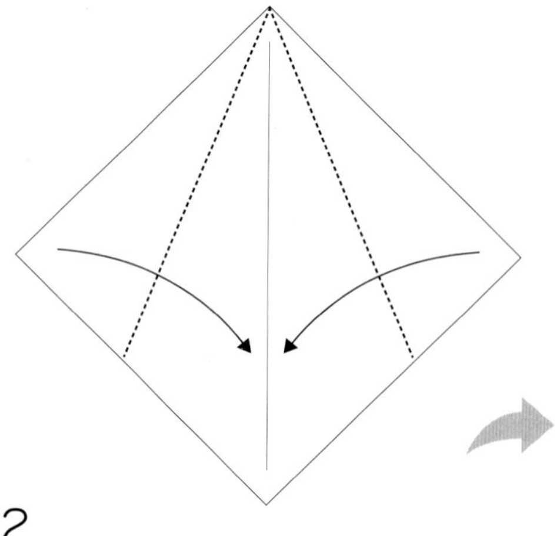

2

まんなかの　せんに　あわせて　おる

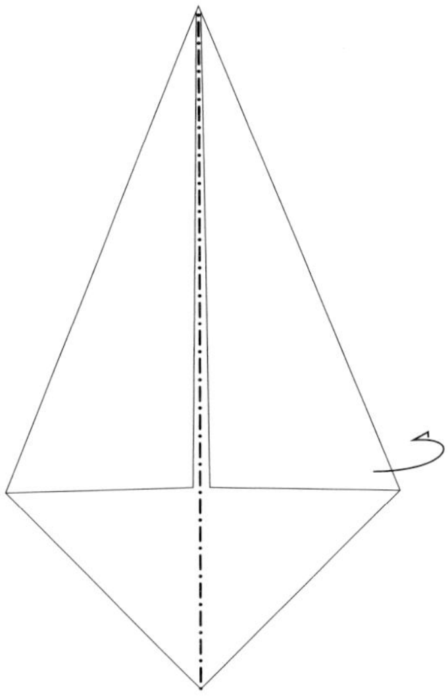

3

はんぶんに　おる

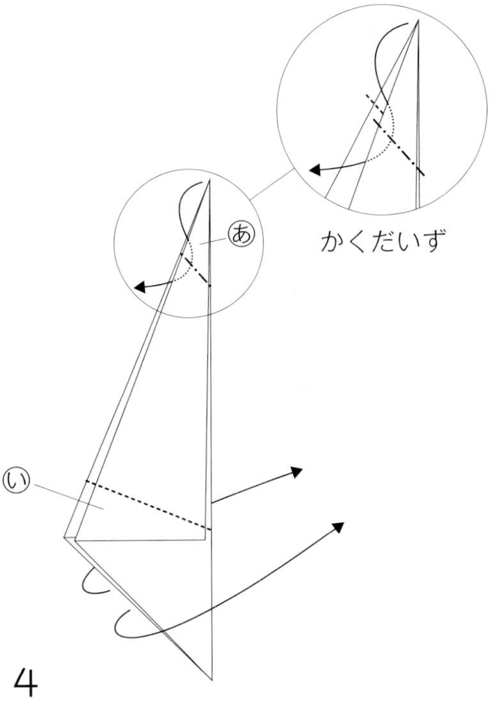

4

(あ)は　なかわりおり
(い)は　かぶせおりする

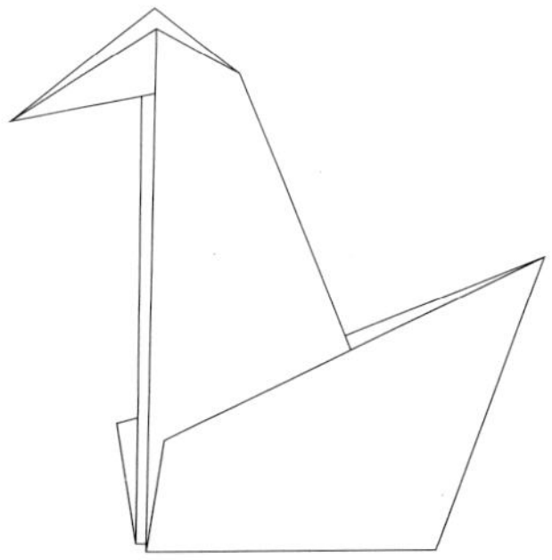

5

できあがり

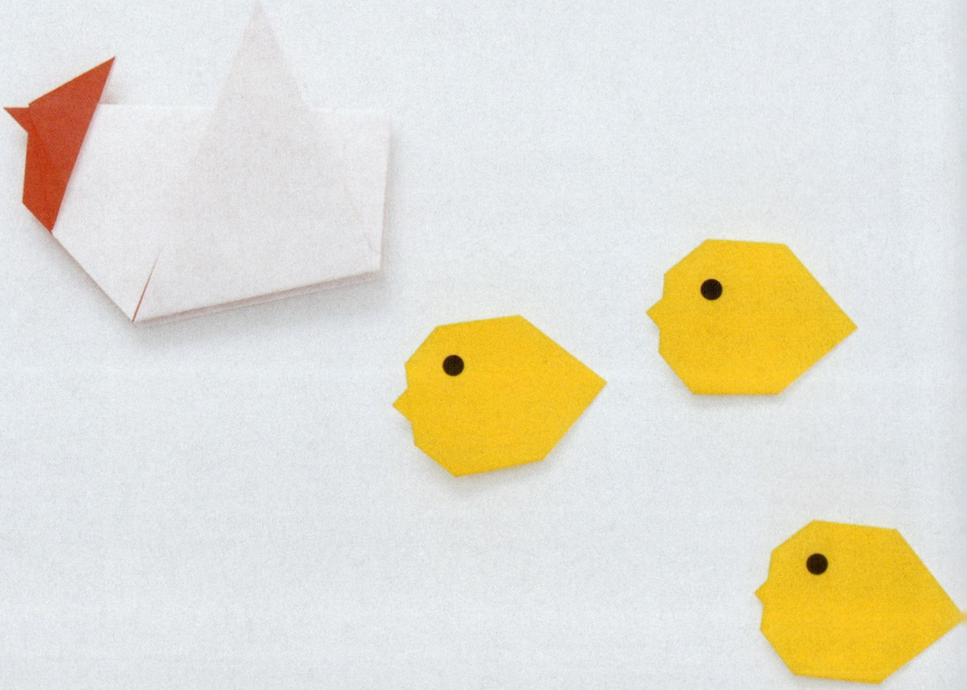

ぴよ　ぴよ

ぴよ　　ぴよ　　　ぴよ

ぴよ　ぴよ　　ぴよ

なにがあるの？　おかあさん

にわとり

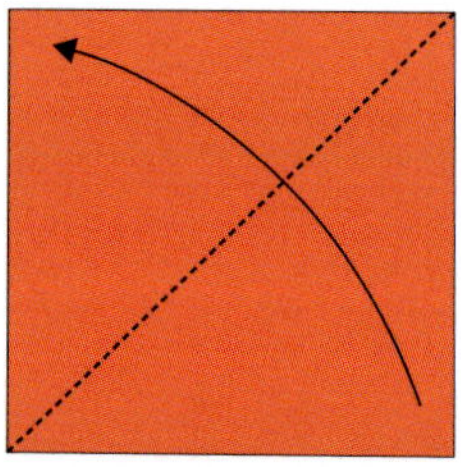

1

おもてを　うえにして
はんぶんに　おる

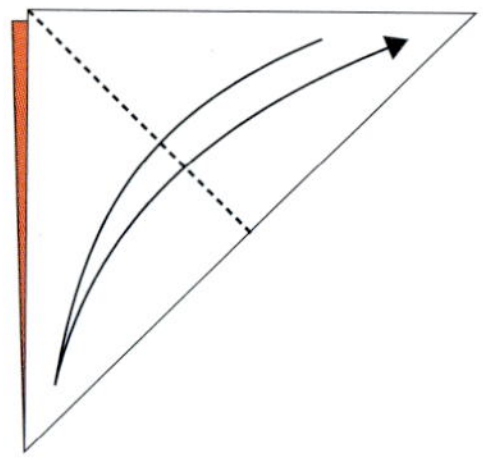

2

はんぶんに　おって
もどす

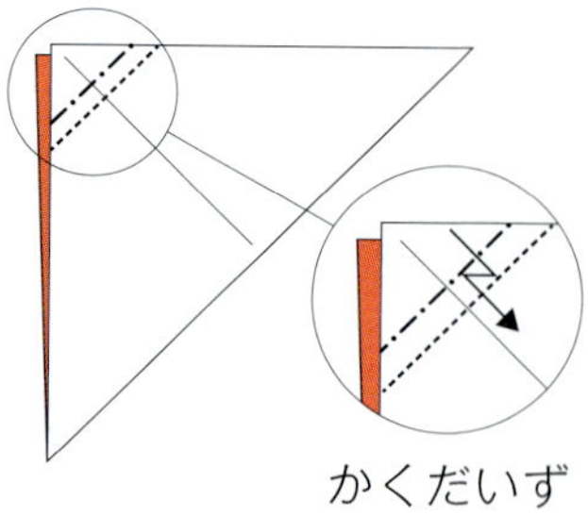

3

うえの　１まいを
だんおりする

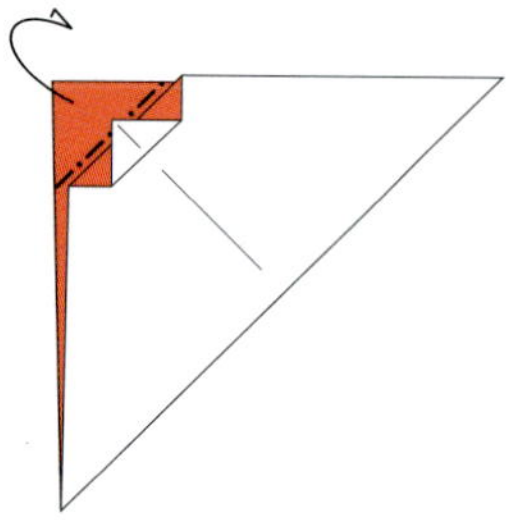

4

うしろの　１まいを
うらへ　おる

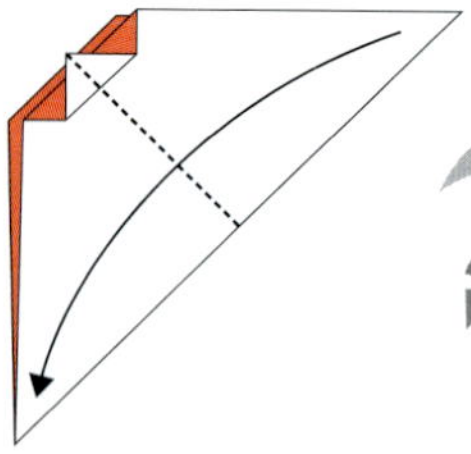

5

ぜんたいを
はんぶんに　おる

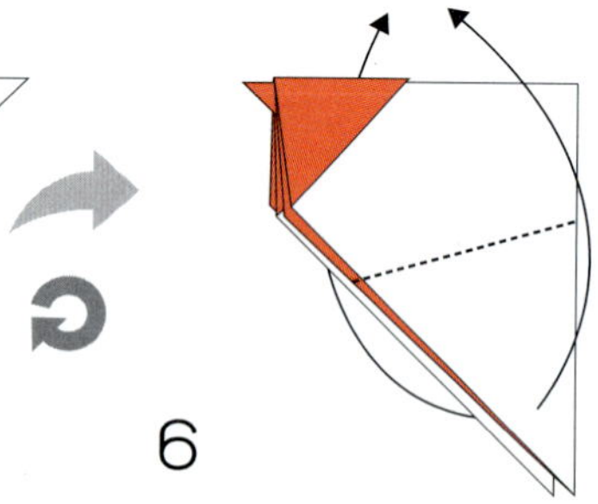

6

うえの　かみを　おりあげる
うらも　おなじ

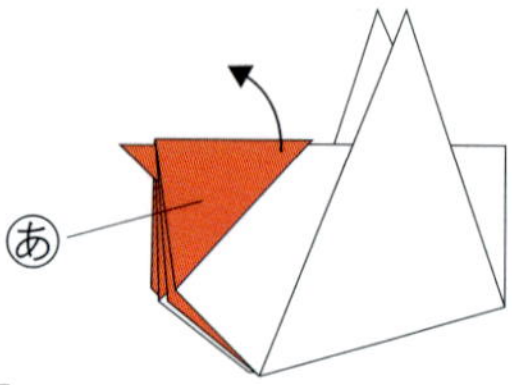

7

ⓐを　つまんで
うえに　ひきあげる

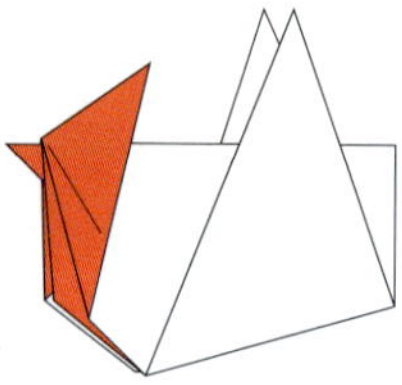

8

できあがり

ひよこ

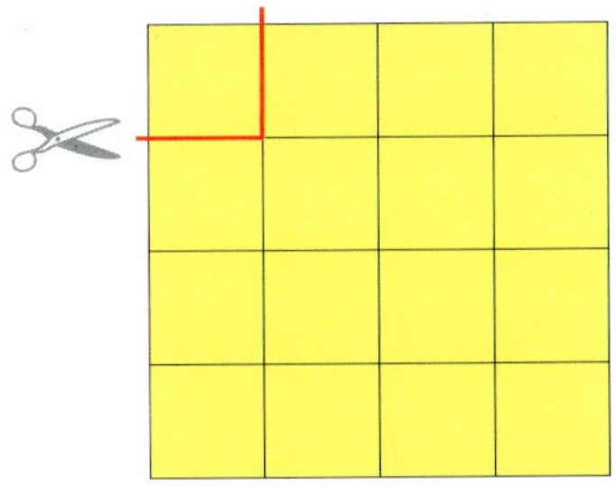

1

にわとりの　16 ぶんの 1 の
おおきさに　かみを　きる

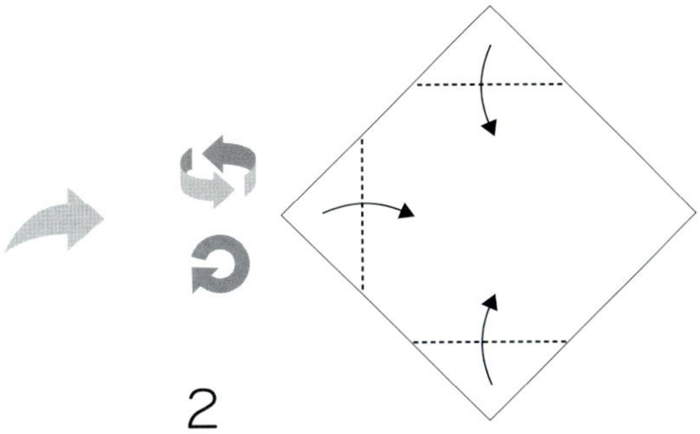

2

3つの　かどを　おる

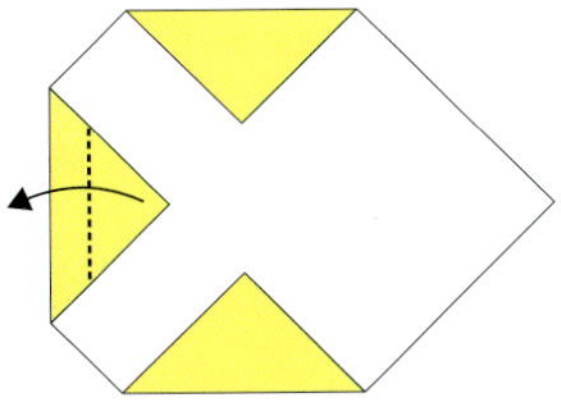

3

すこし　とびだすように　おる

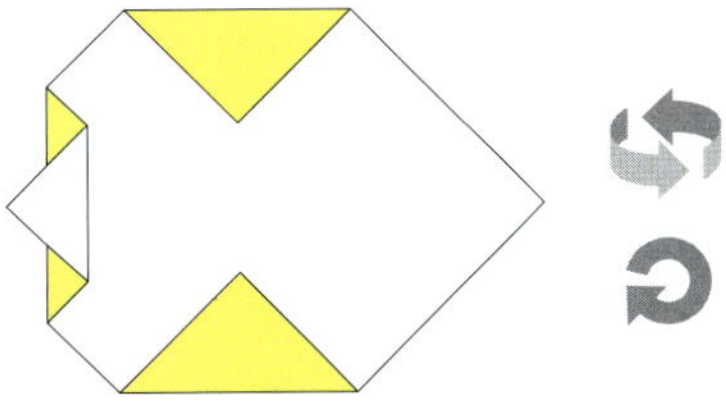

4

おったところ

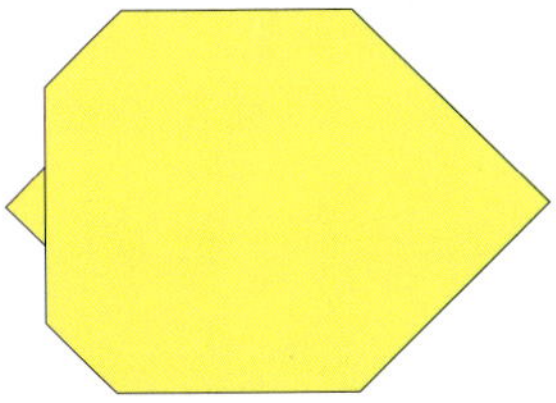

5

できあがり

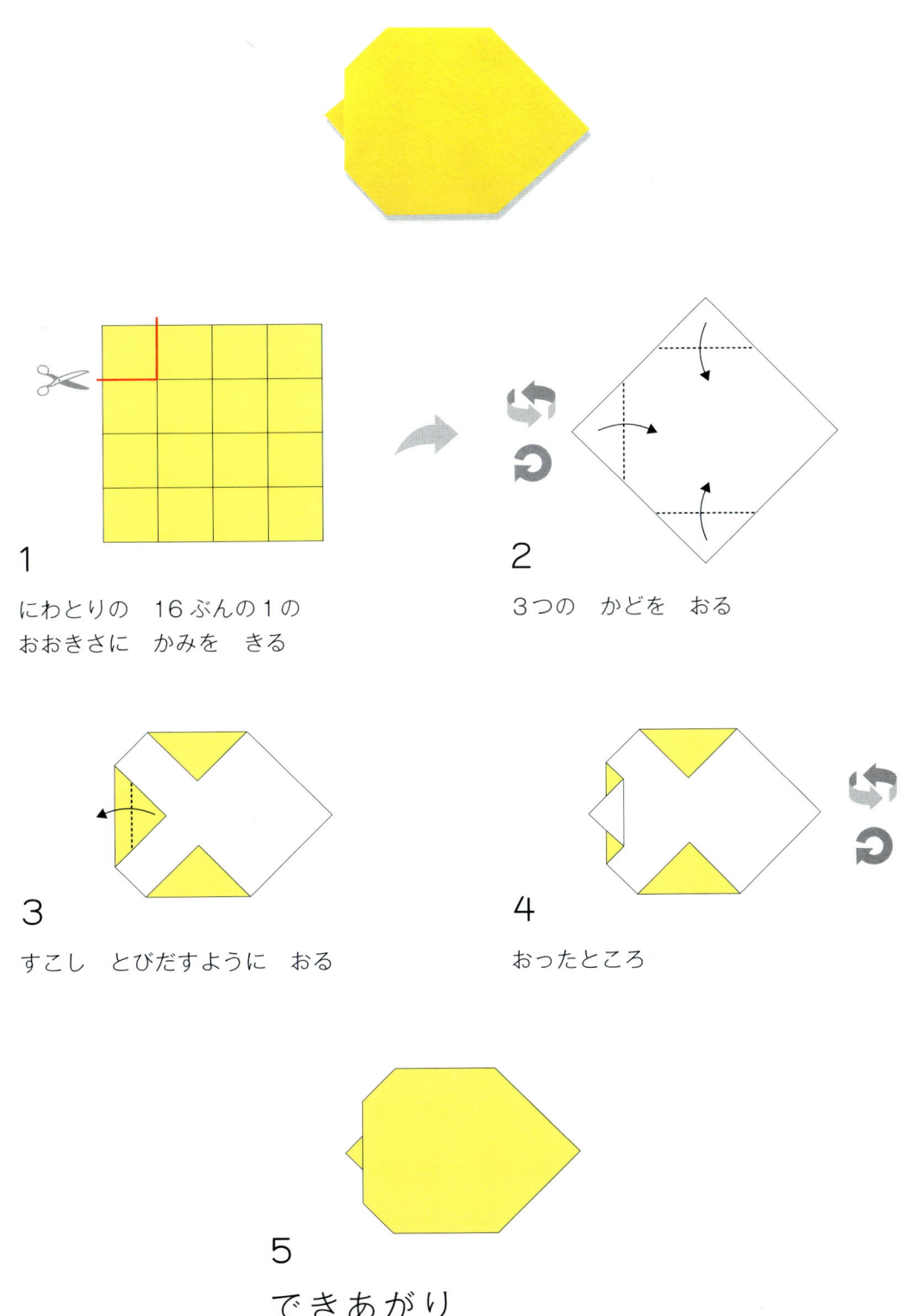

かかってこい

どっちが　つよいか　しょうぶだぞ

えだから　おちたら　まけだよ

わっ　2ひきで　くるのは　ずるいぞ

かぶとむし

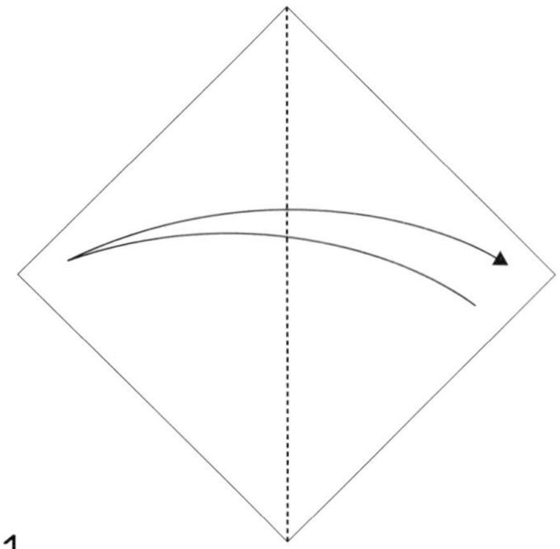

1

はんぶんに　おって　もどす

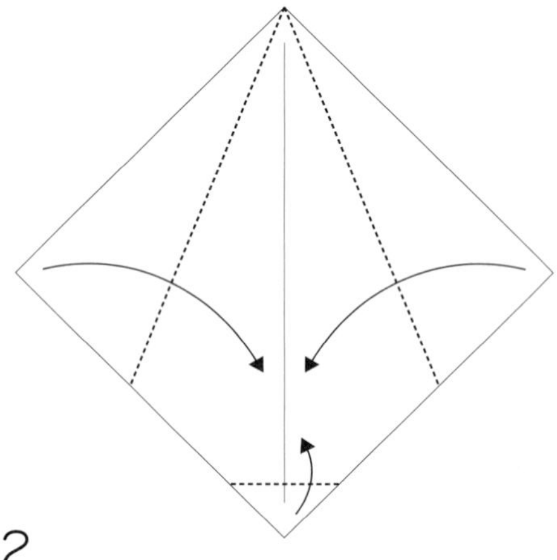

2

まんなかの　せんに　あわせて　おる
したの　かどを　すこし　おる

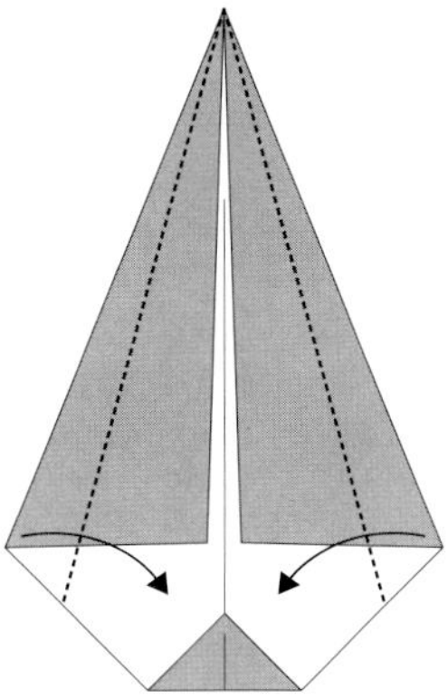

3

りょうはしを　すこし　おる

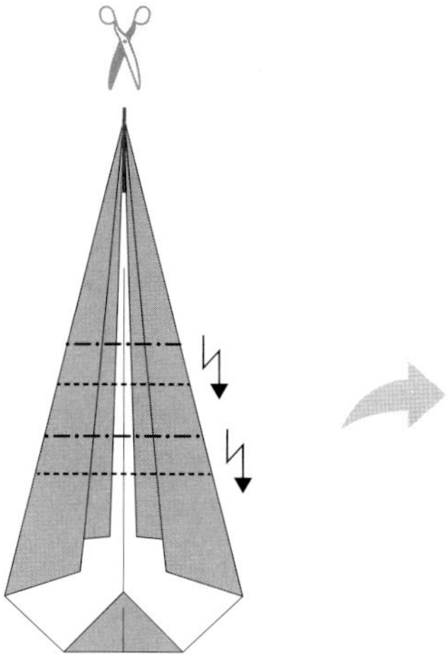

4

2かしょ　だんおりする
うえの　さきを　3ぶんの1くらい
はさみで　きる

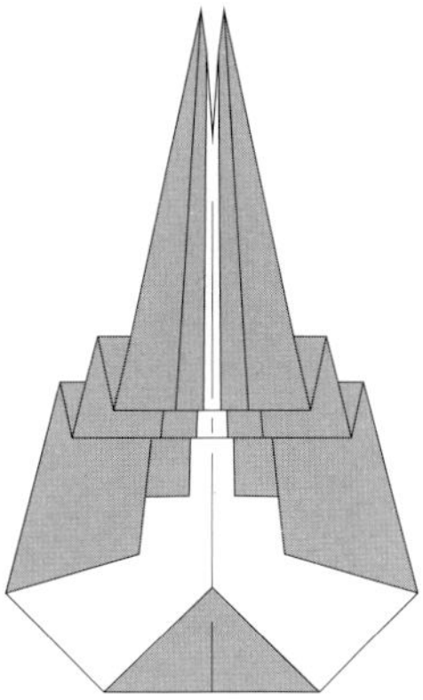

5

おったところ

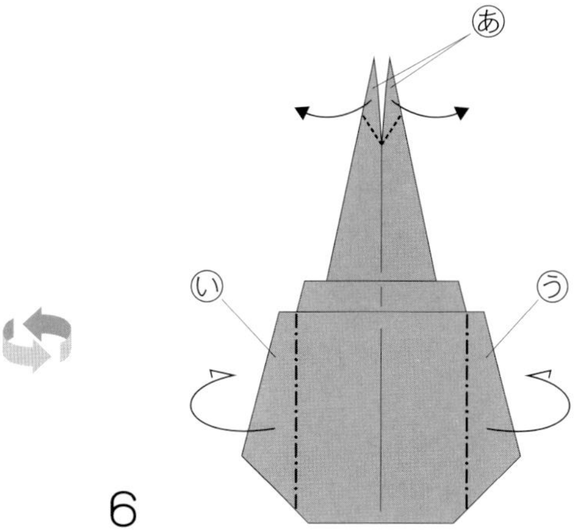

6

あは　ななめにおる
いとうは　やまおりする

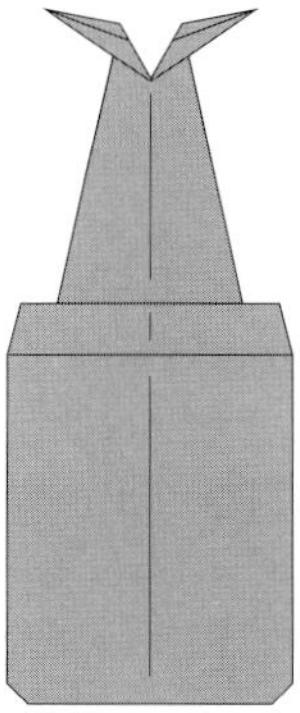

7

できあがり

くわがた

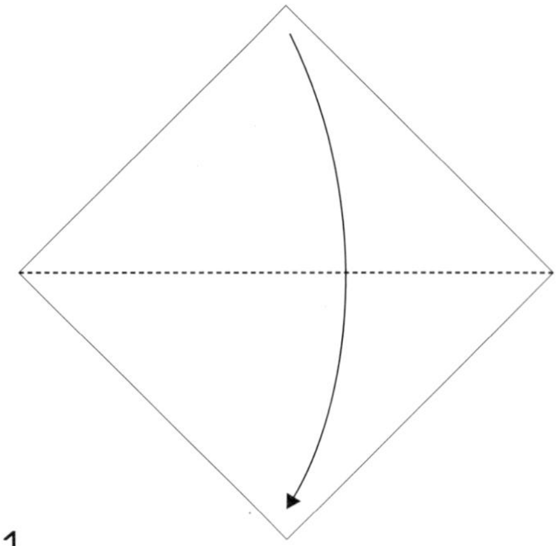

1

はんぶんに　おる

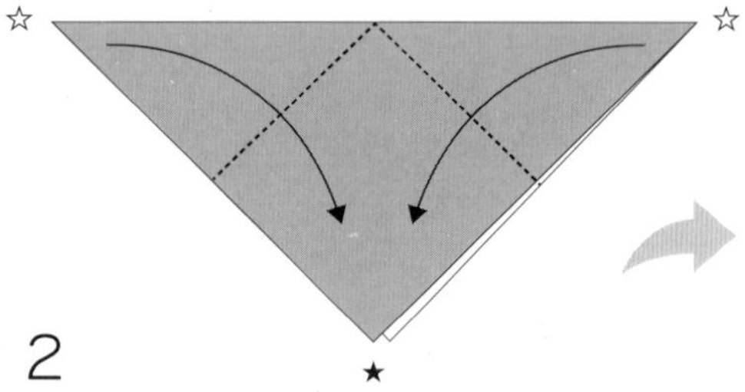

2

☆が★に　つくように　おる

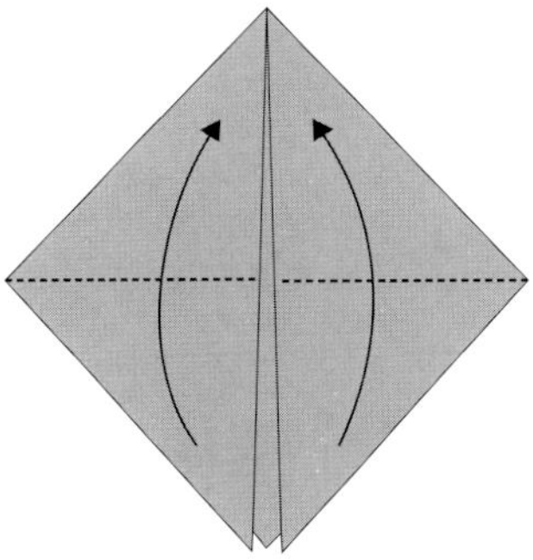

3

うえの　かみだけ　はんぶんに　おる

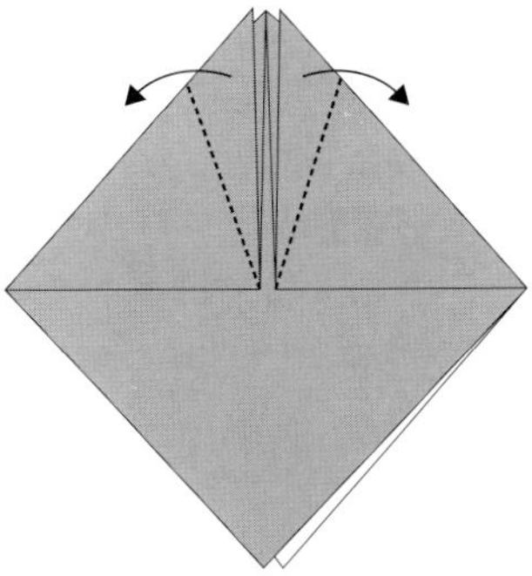

4

すこし　ななめに　おる

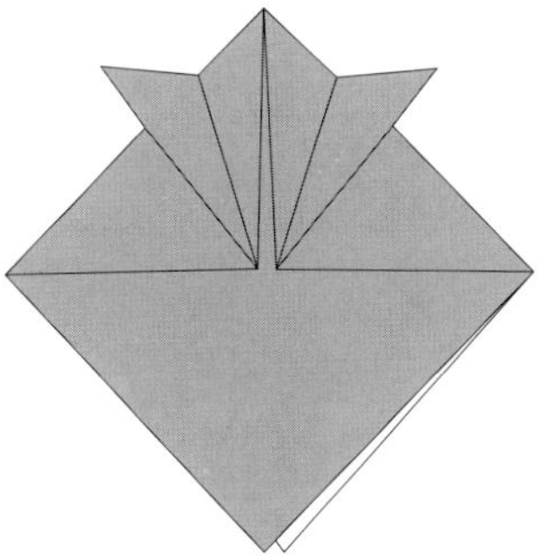

5

おった　ところ

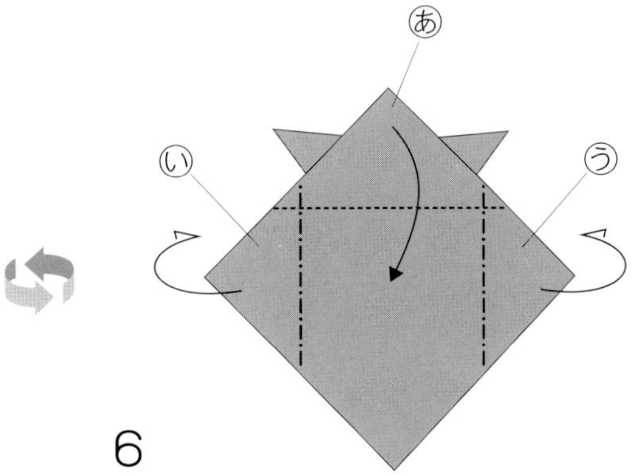

6

(あ)を　おってから
(い)と(う)を　やまおりする

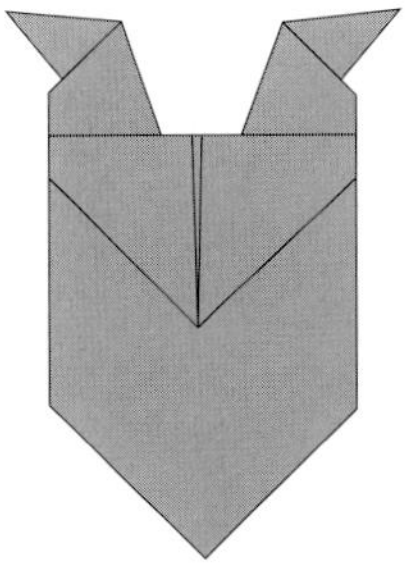

7

できあがり

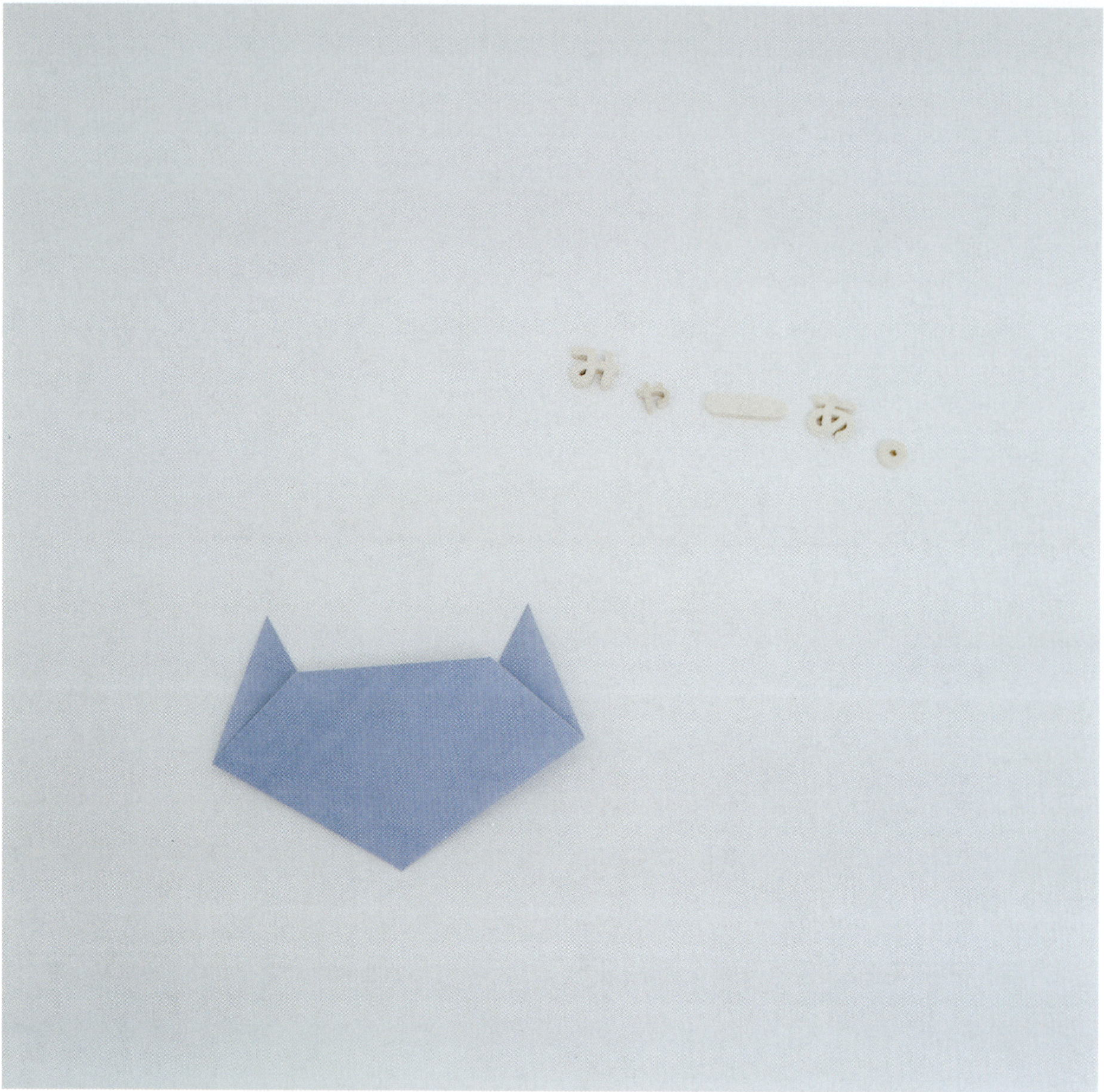

かわいい　なきごえ　きこえたよ

おなか　へったの？　あそんで　ほしいの？

ぼくを　みつけると　しっぽをふって　わん

うれしいの？　そんなに　すきなの？

ねこ

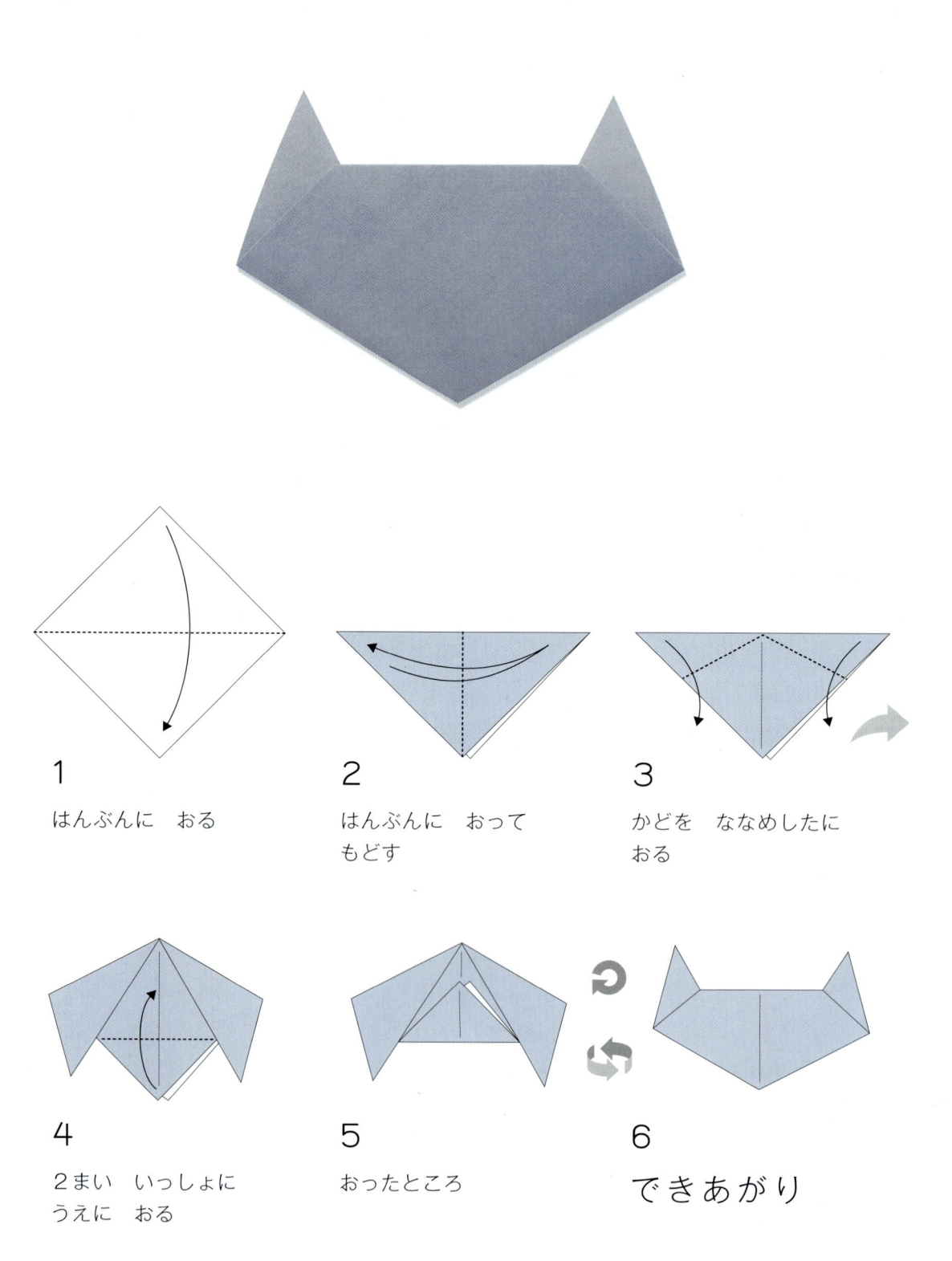

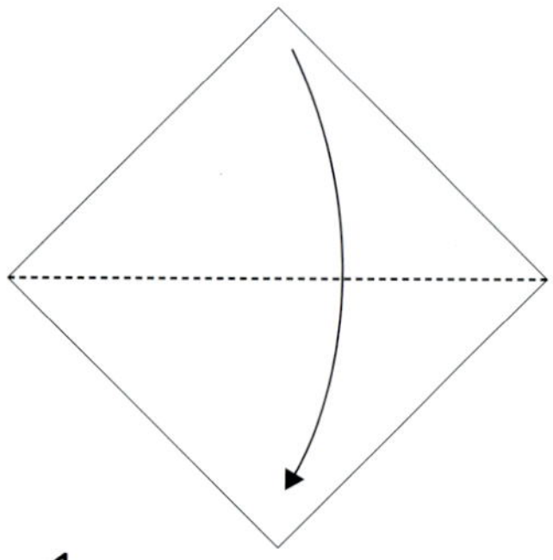

1

はんぶんに　おる

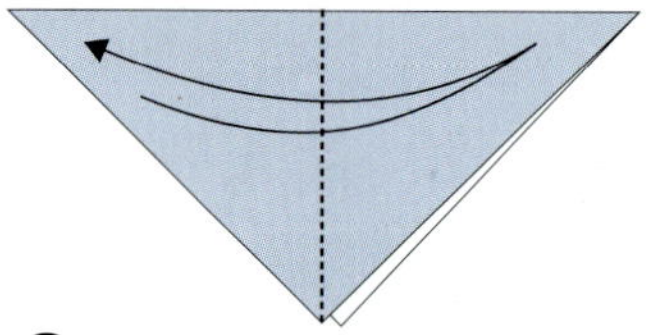

2

はんぶんに　おって
もどす

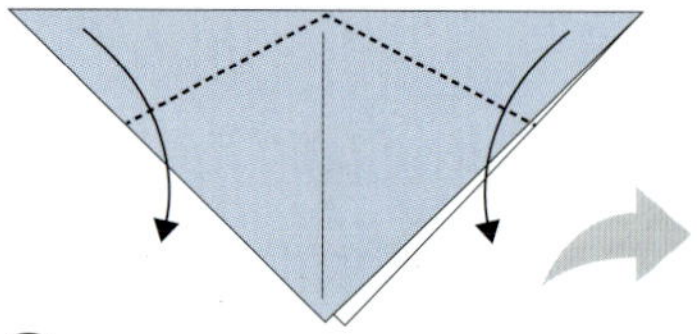

3

かどを　ななめしたに
おる

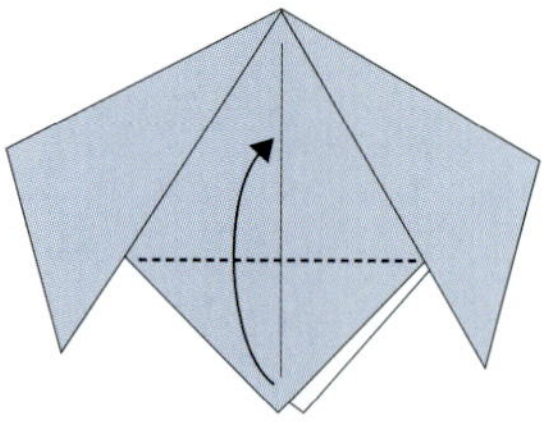

4

2まい　いっしょに
うえに　おる

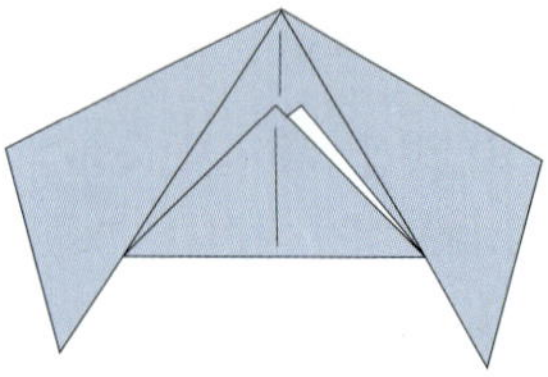

5

おったところ

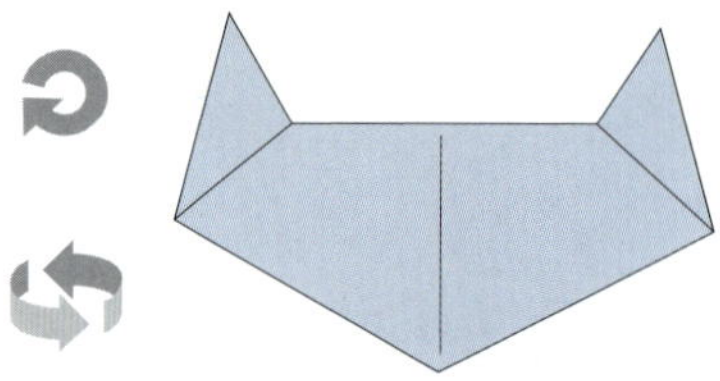

6

できあがり

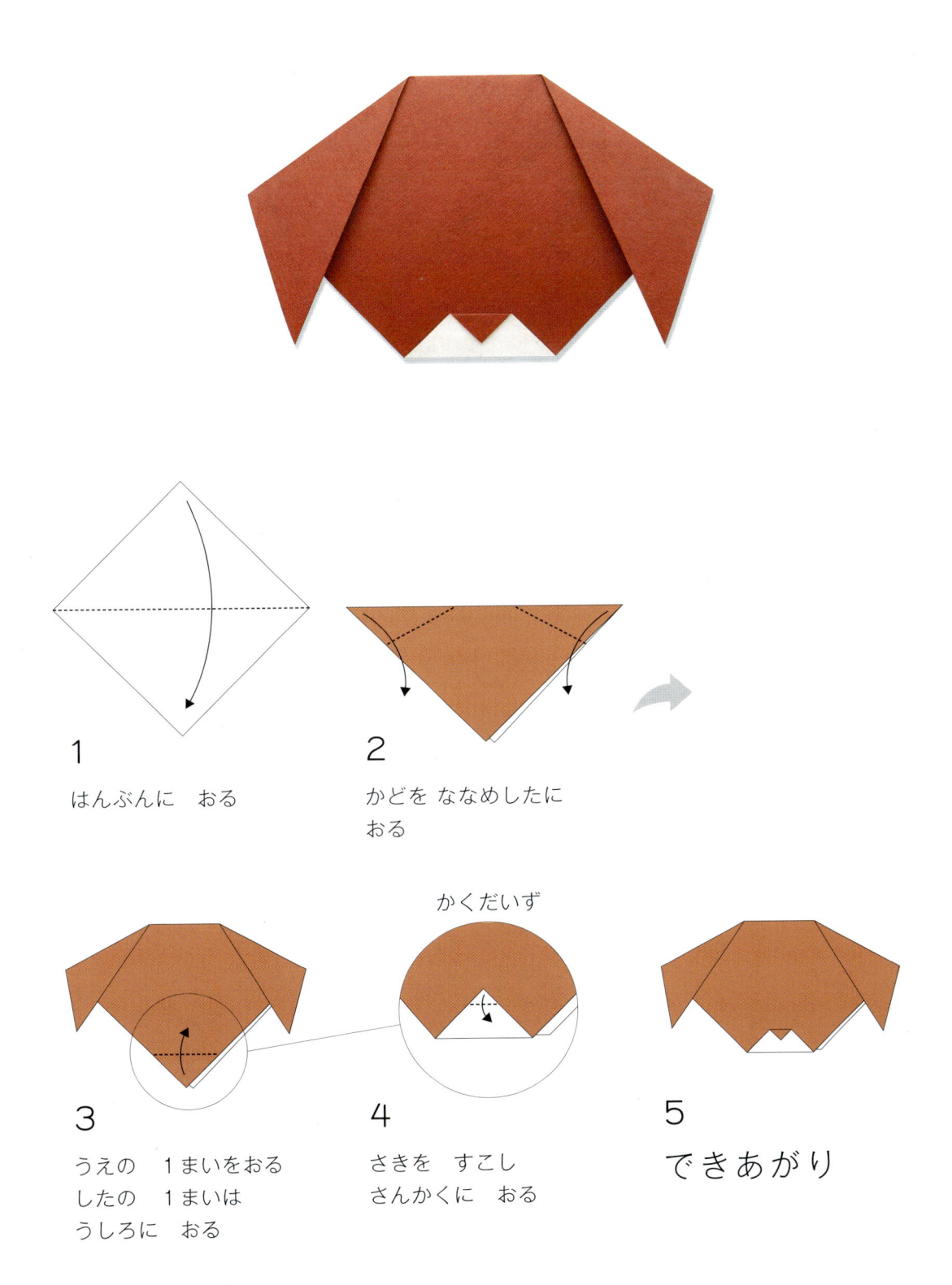

いぬ

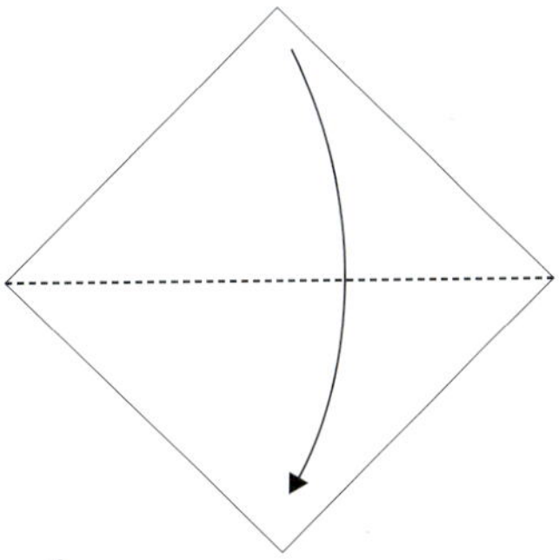

1

はんぶんに　おる

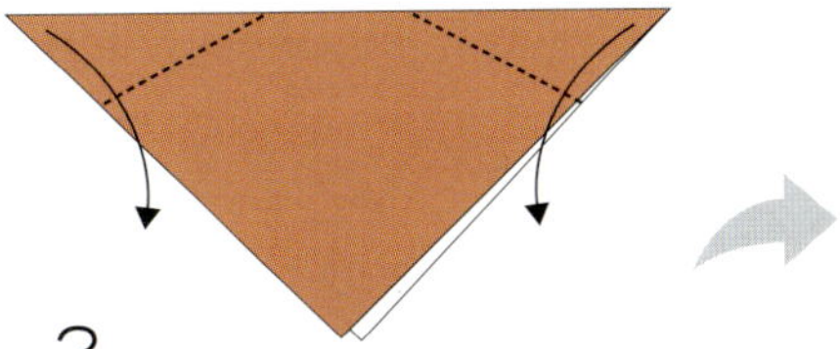

2

かどを ななめしたに
おる

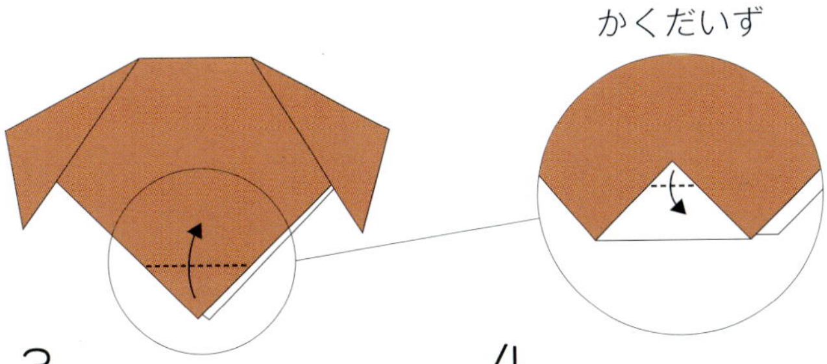

3

うえの　１まいをおる
したの　１まいは
うしろに　おる

4

さきを　すこし
さんかくに　おる

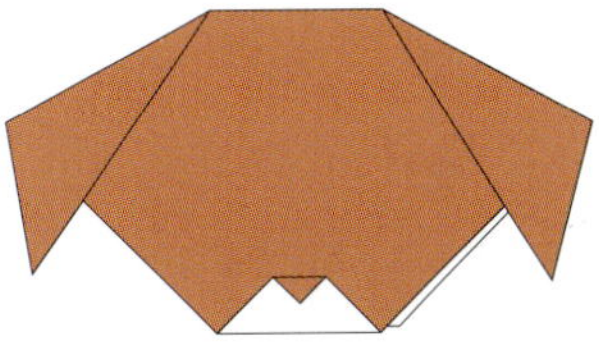

5

できあがり

うちゅうに　とびだしたら

ちきゅうが　どんどん

ちっちゃくなった

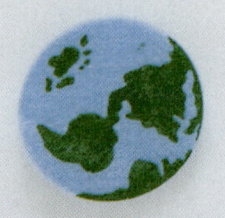

ロケット

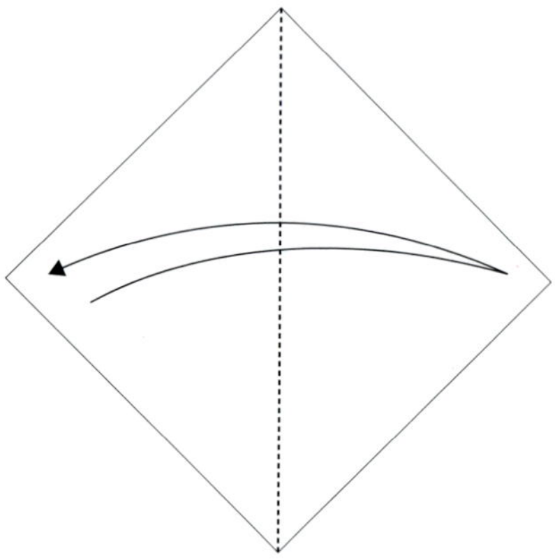

1

はんぶんに　おって　もどす

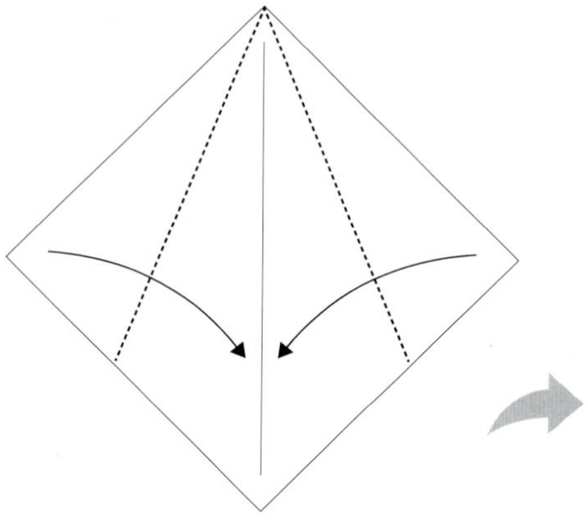

2

まんなかの　せんに　あわせて　おる

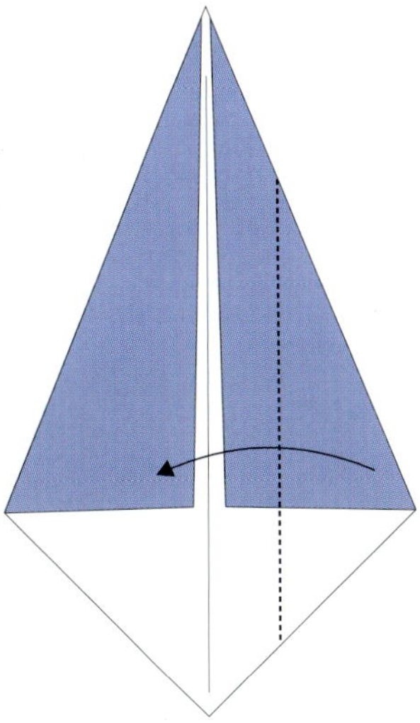

3

てんせんで　おる

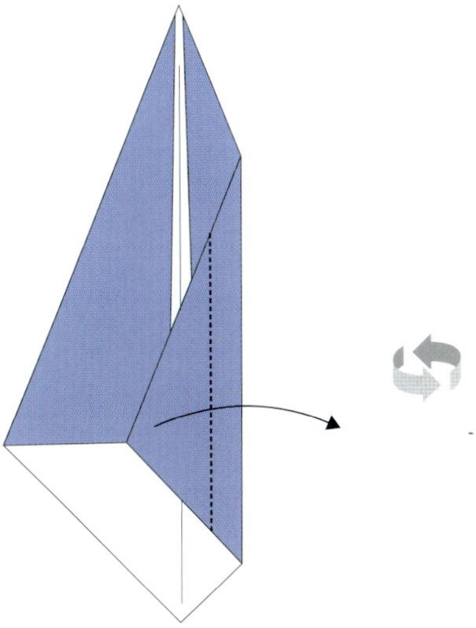

4

てんせんで　おる
はんたいがわも　おなじにする

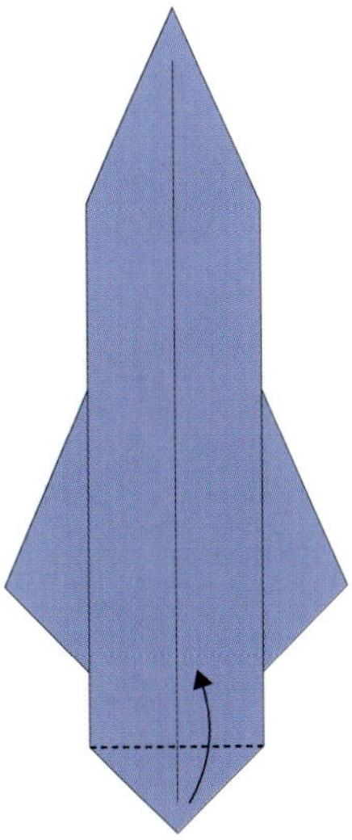

5

したを　おる

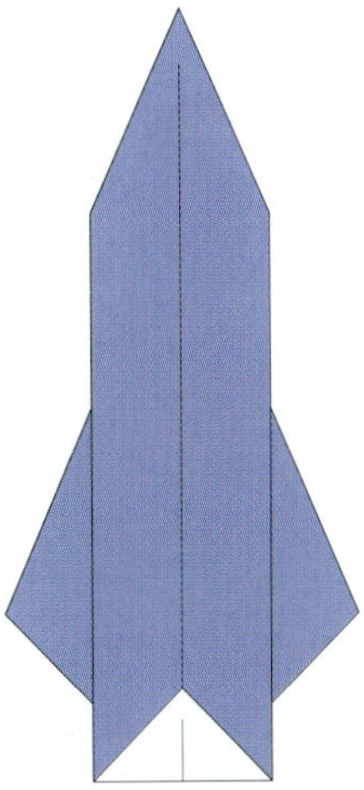

6

できあがり

やねの　したでは

みんな　なかよく　くらしてる

あのこの　うちは　どこ？

いえ

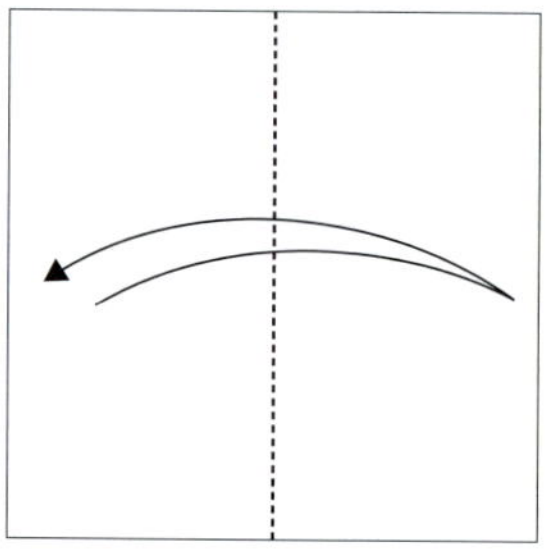

1

はんぶんに　おって　もどす

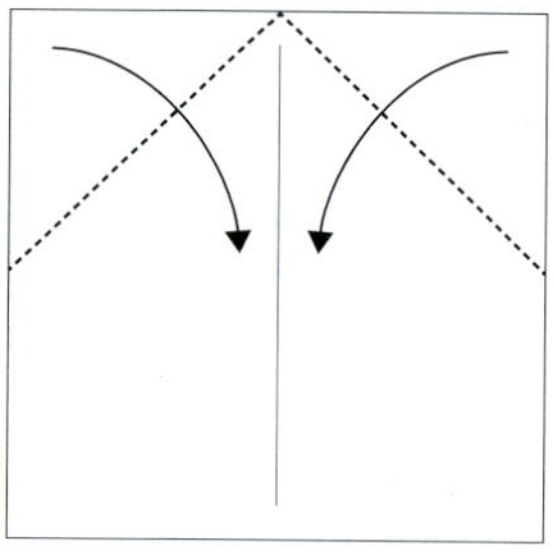

2

まんなかの　せんに
あわせて　おる

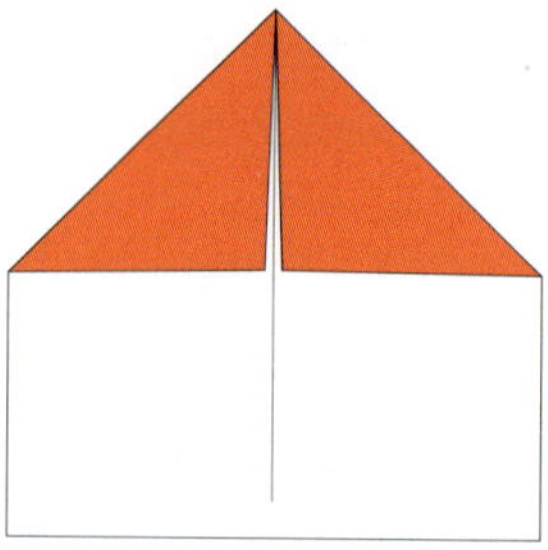

3

できあがり

ふたつやねのいえ

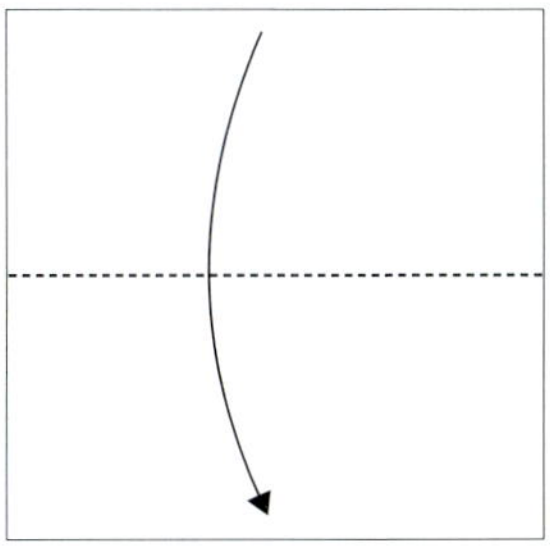

1

はんぶんに　おる

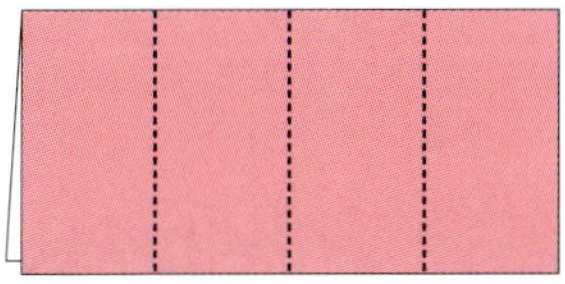

2

おなじ　はばで
おりすじを　つける

3

かどを　おりすじに
あわせて　さんかくに
おって　もどす

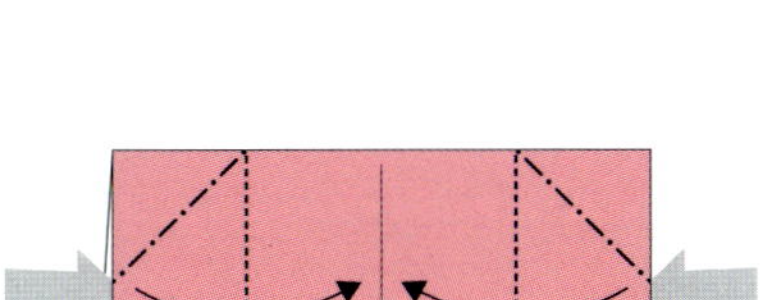

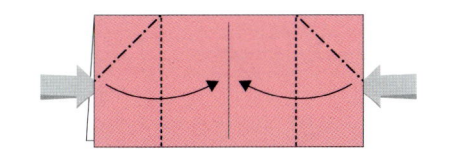

4

あいだを　ひらいて
はしが　まんなかに　くるように　おる

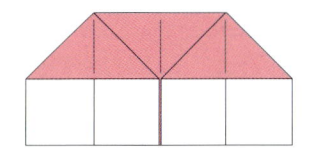

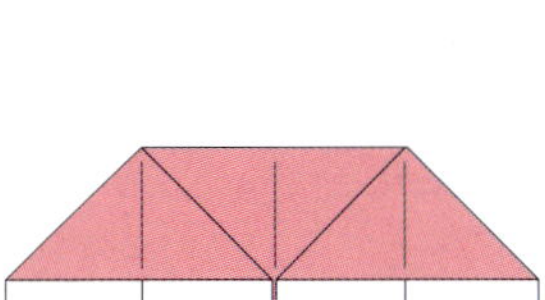

5

できあがり

どっちを　たべよう

どこから　たべよう

どっちも　すきなんだもの

Dole

バナナ

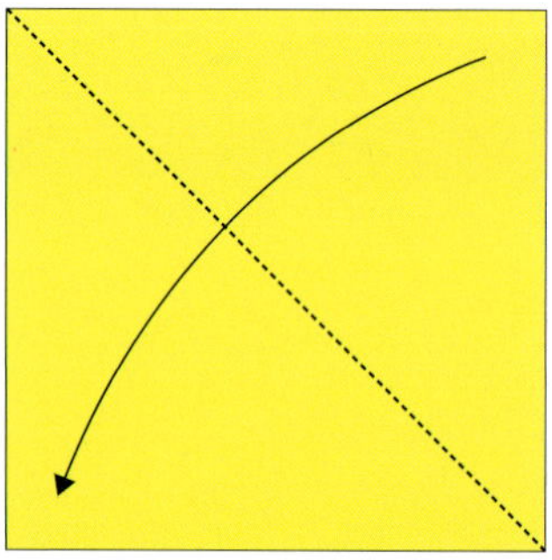

1

おもてを　うえにして
はんぶんに　おる

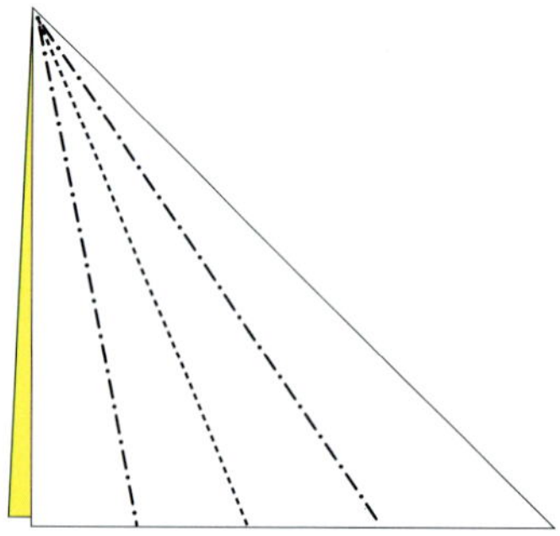

2

2まい　いっしょに
ずのように　おりすじを　つけて
ぜんたいを　ひらく

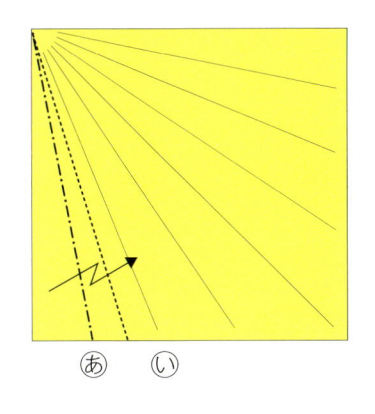

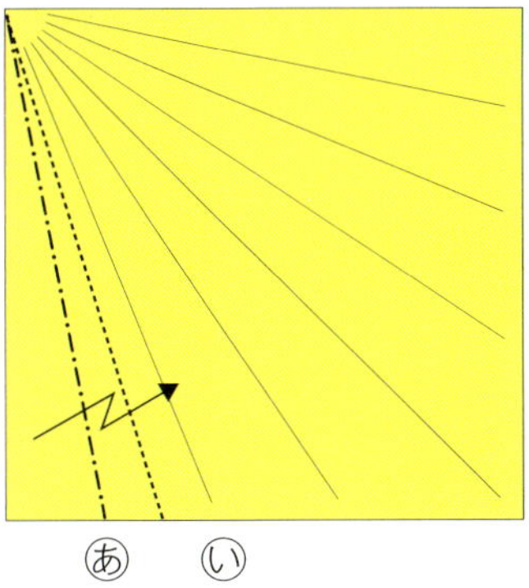

3

2でつけた　おりすじ　あといの
あいだに　たにおりせんを　つけて
だんおりする

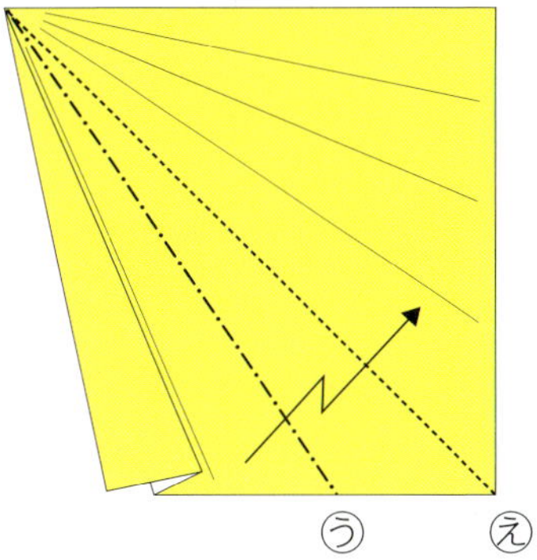

4

2でつけた　おりすじ　うとえを
つかって　だんおりする

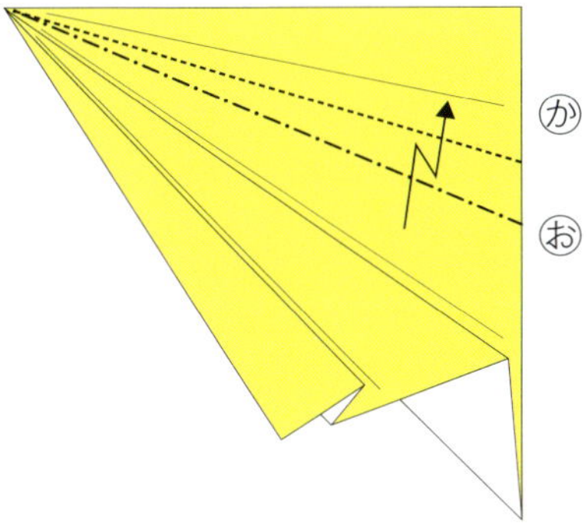

5

2でつけた　おりすじ　おとかの
あいだに　たにおりせんを　つけて
だんおりする

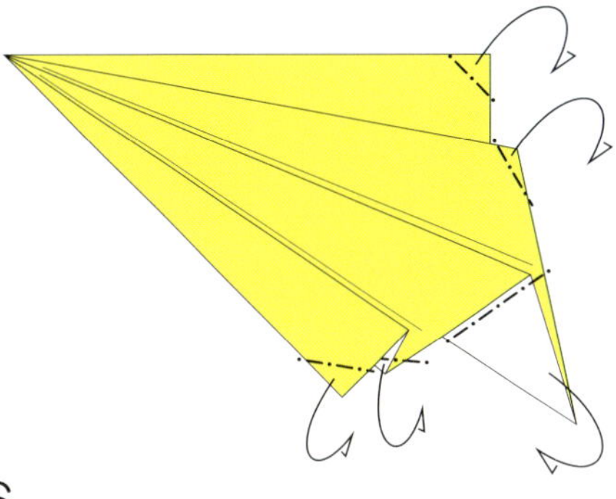

6

かどを　5かしょ　やまおりする

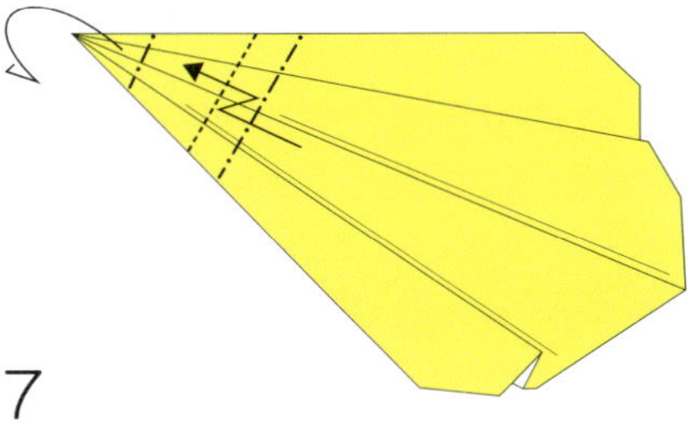

7

とがった　さきを　やまおりしてから
だんおりする

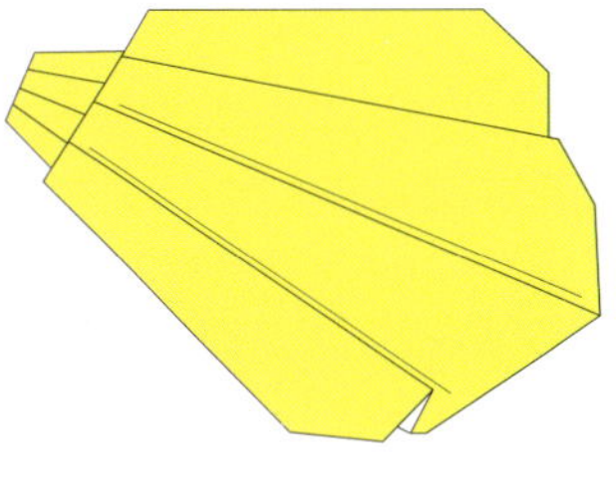

8

できあがり

りんご

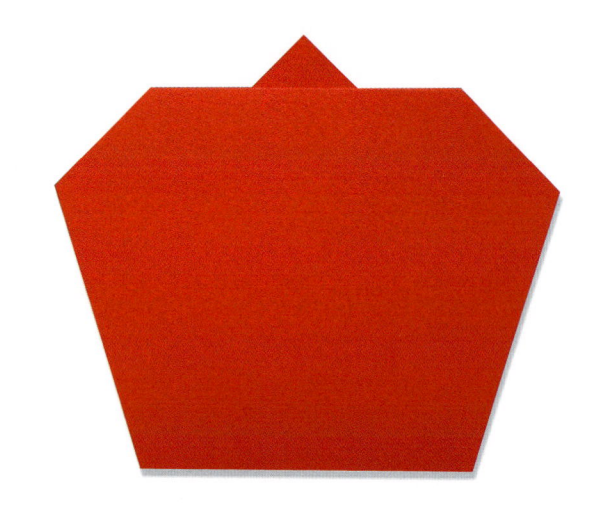

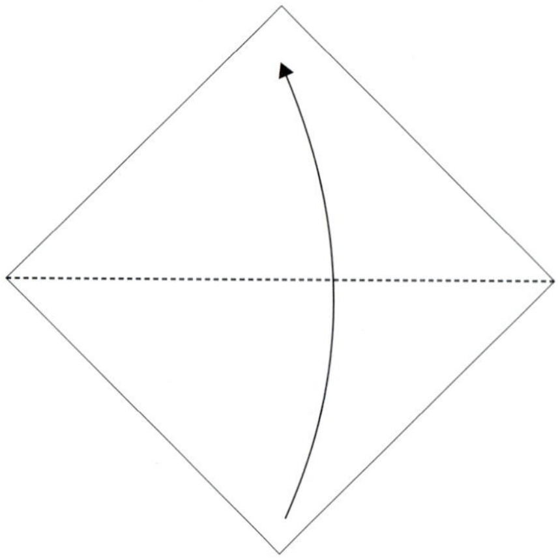

1

はんぶんに　おる

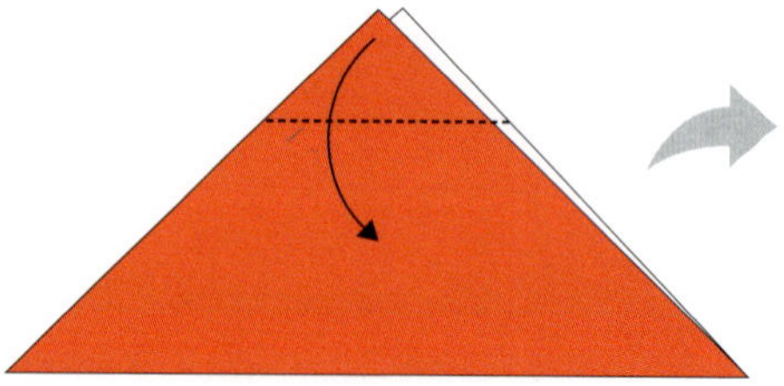

2

2まい　いっしょに　かどを　おる

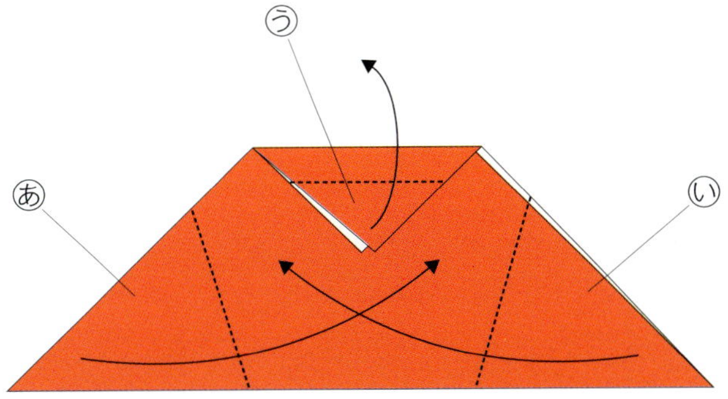

3

㋐と㋑は　かさなるように　ななめに おる
㋒は　2まい　いっしょに　うえに おる

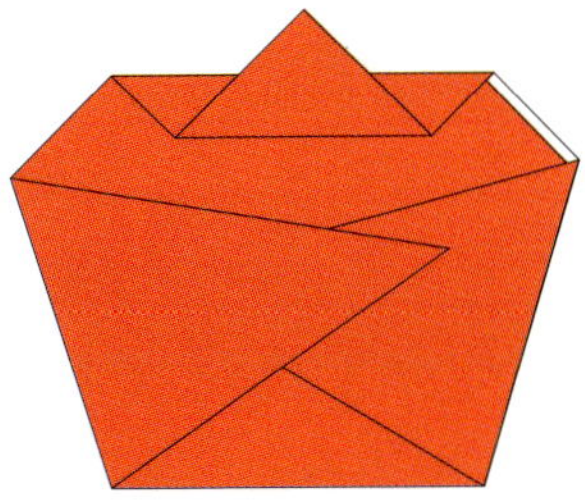

4

おったところ

5

できあがり

ピ

ポ

パ

ポ

もしもし　ぼくだよ

あのね　ばんごはんは　なに？

けいたいでんわ

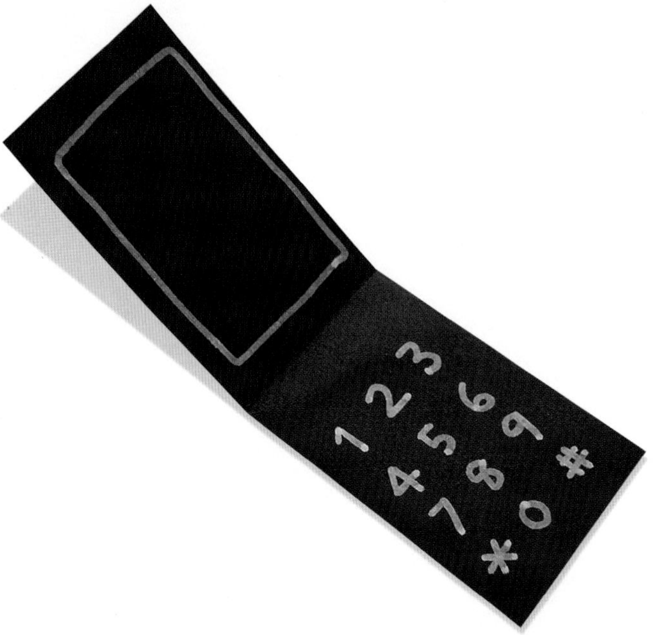

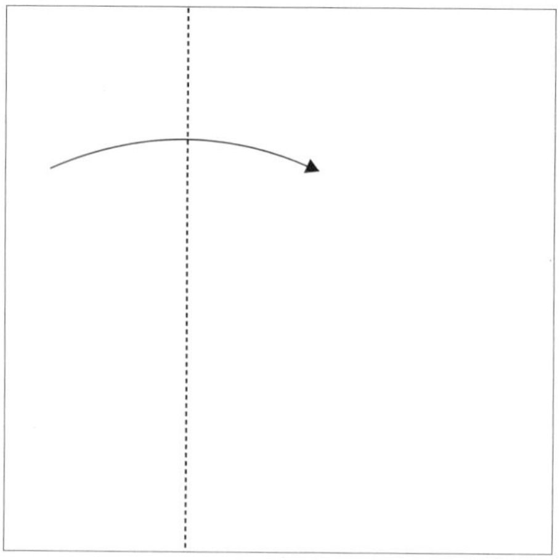

1

3ぶんの1くらいの　ところで　おる

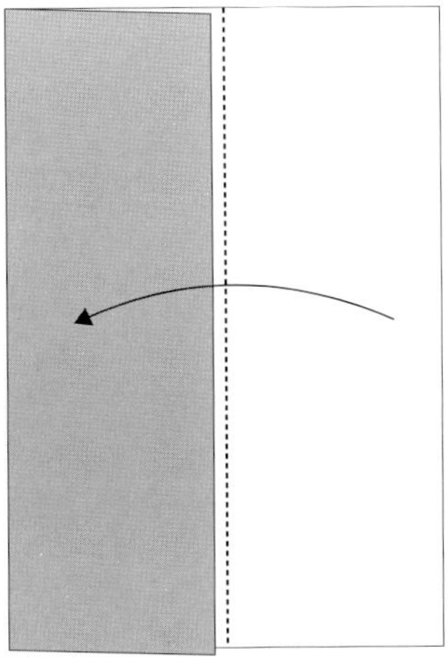

2

かさねるように　おる

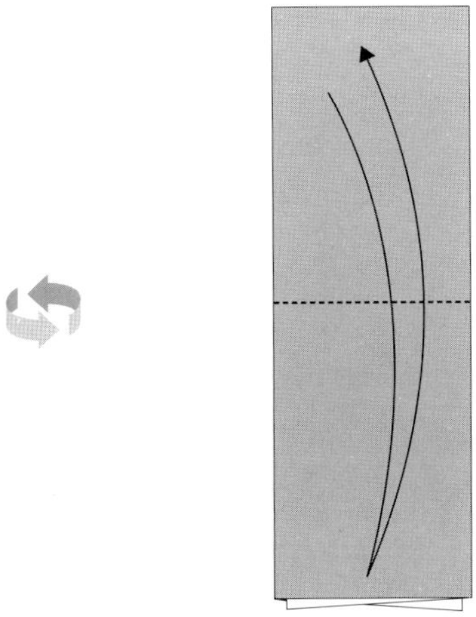

3

はんぶんに　おって　もどす

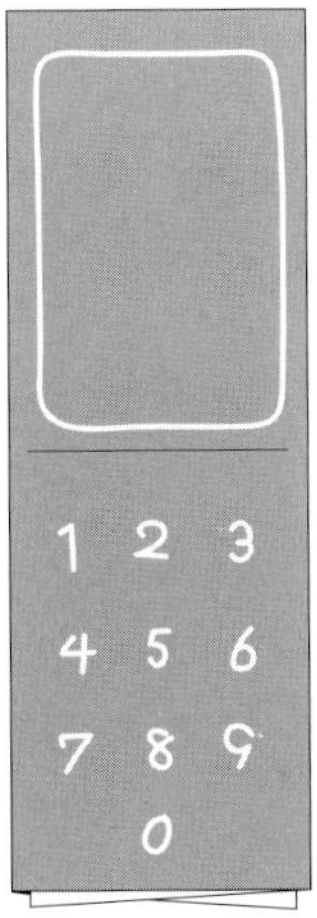

4

すきな　でんわを　おてほんに
すうじや　まどを　かいたら

できあがり

すきなこの　そばに　いくと

どきどき　するんだね

おとうさん

I
YOU

ハート

1

おりがみを　3とうぶんに　きる

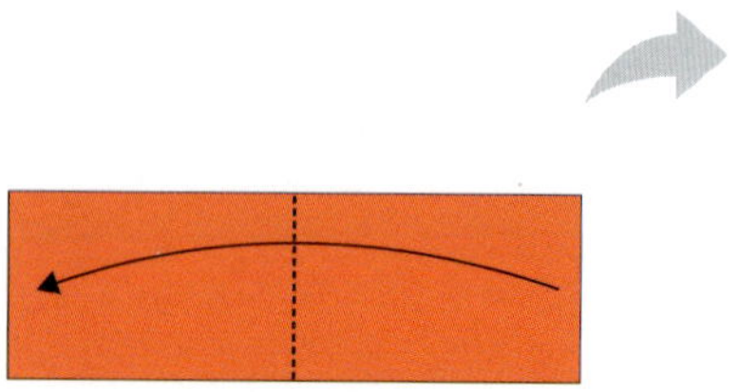

2

おもてを　うえにして
はんぶんに　おる

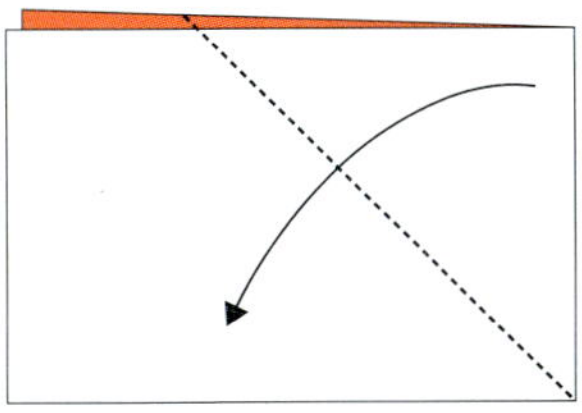

3

かどを　さんかくに　おる

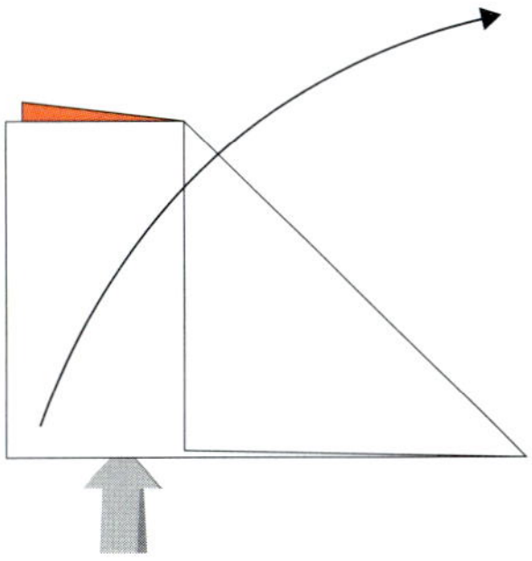

4

やじるしで　かみの　あいだを　ひらく

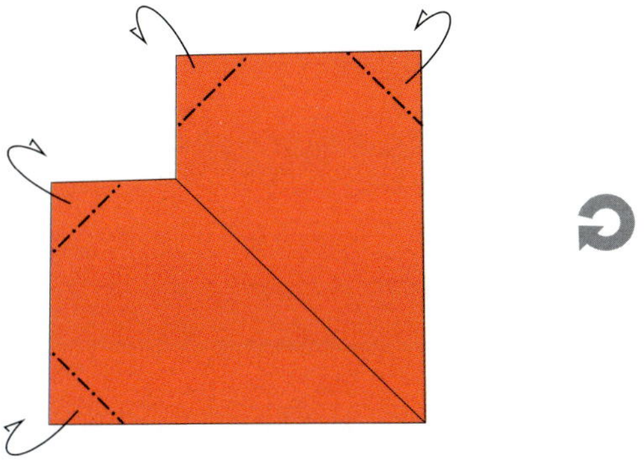

5

かどを　すこし　うらへ　おる

6

できあがり

ぶうぶう　うふふ

どうぶつに　なったつもりで

はなして　みよう

ぶた

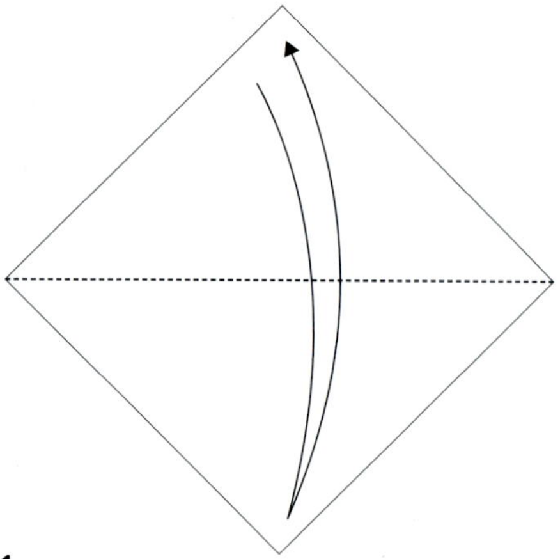

1

はんぶんに　おって　もどす

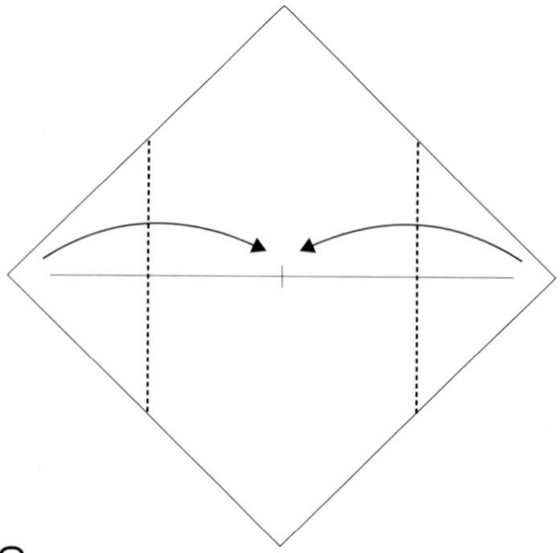

2

まんなかで　あうように　おる

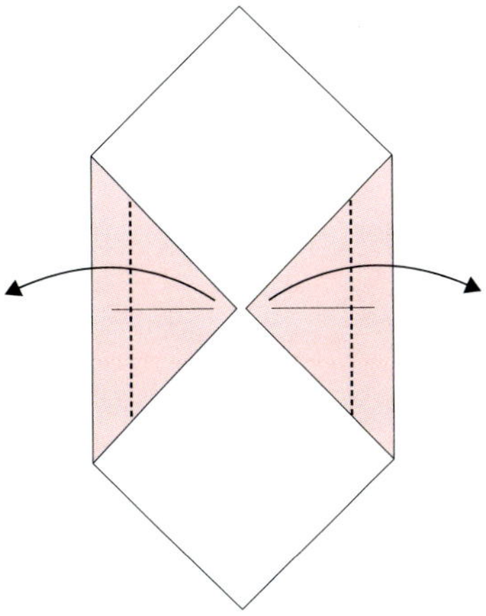

3

そとに　とびだすように　おる

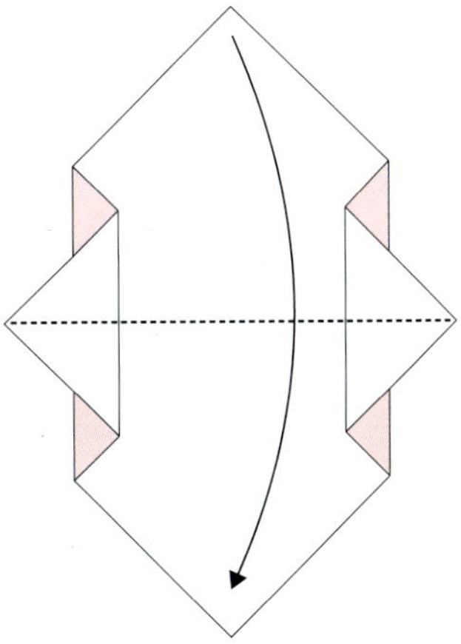

4

はんぶんに　おる

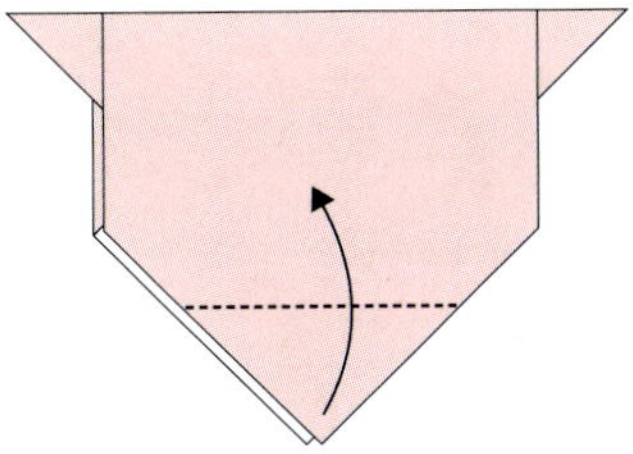

5

うえの　1まいを　おる
うらも　おなじ

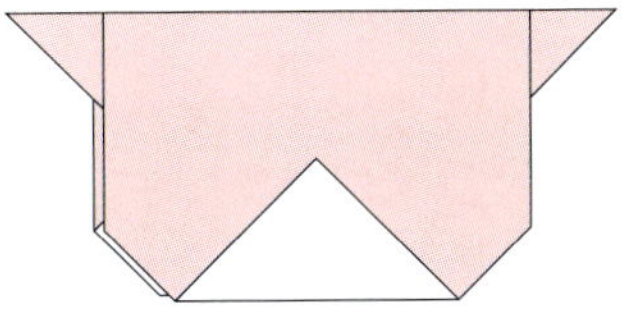

6

できあがり

こどもの　ひには

どうして

さかなが　そらを　およぐの？

こいのぼり

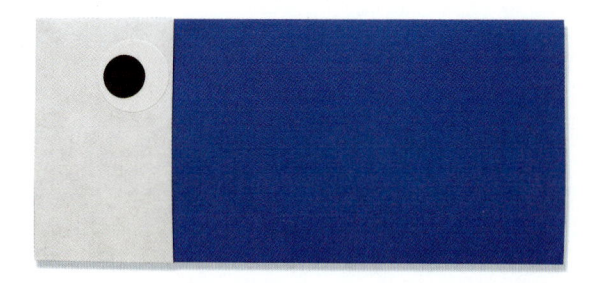

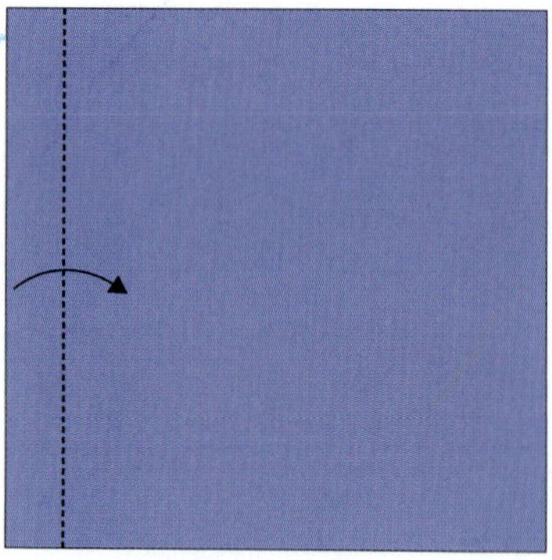

1

おもてを　うえにして
はしを　すこし　おる

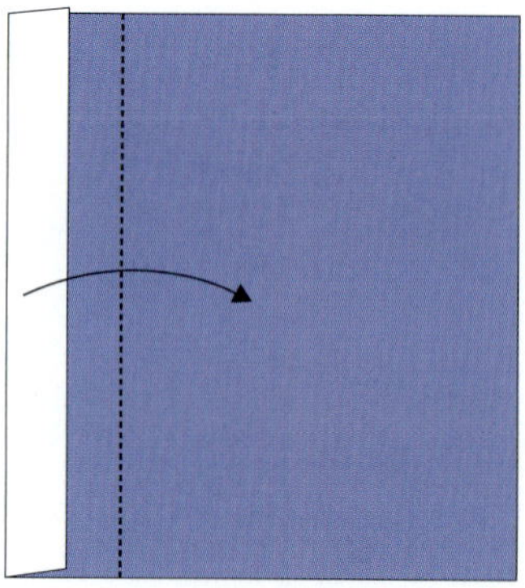

2

もういちど　おる

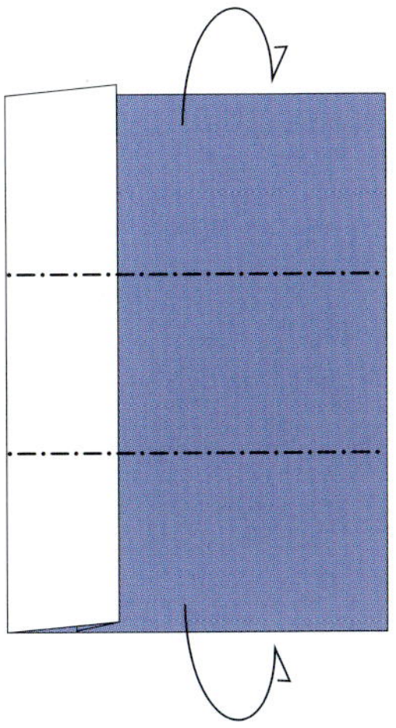

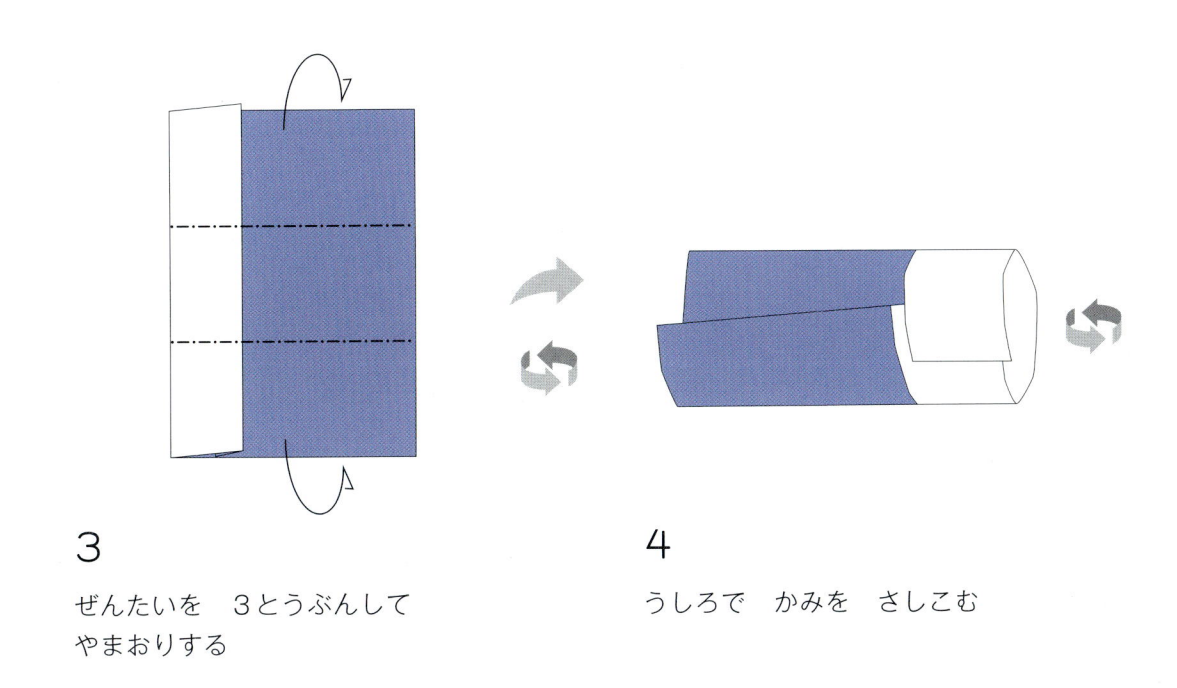

3

ぜんたいを　3とうぶんして
やまおりする

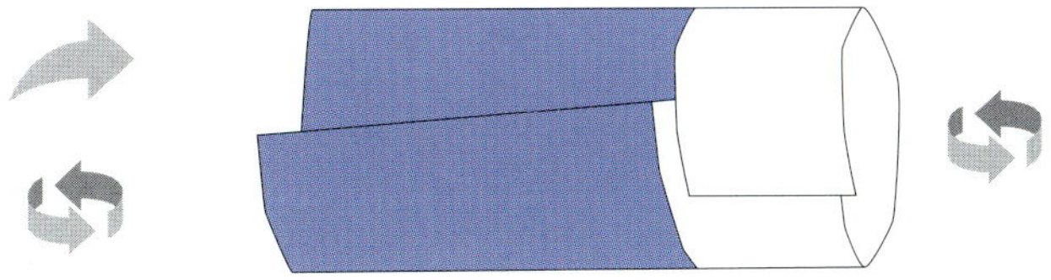

4

うしろで　かみを　さしこむ

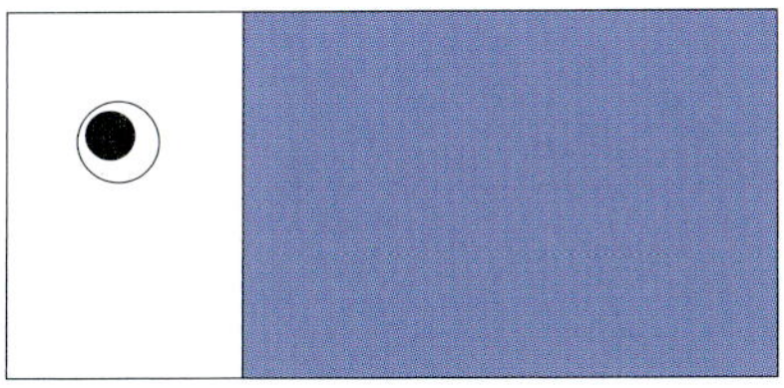

5

めを　つけて　できあがり

たべていい？

でも　もったいない

でも　たべちゃった！

ごちそうさま

プリン

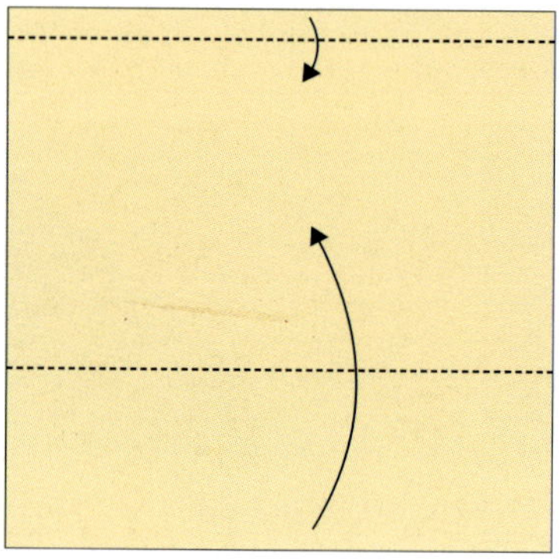

1

おもてを　うえにして
うえは　すこし　おる
したは　3ぶんの1くらい　おる

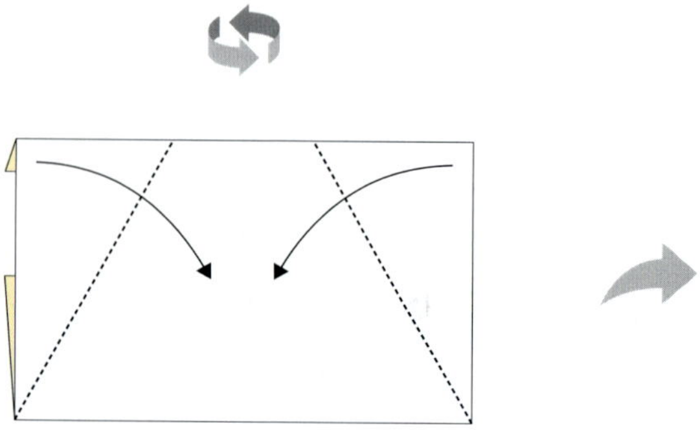

2

かどが　まんなかで　あうように　おる

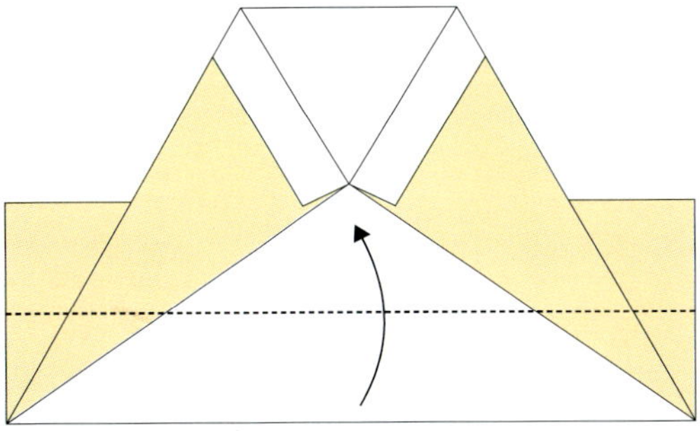

3

てんせんで　おる

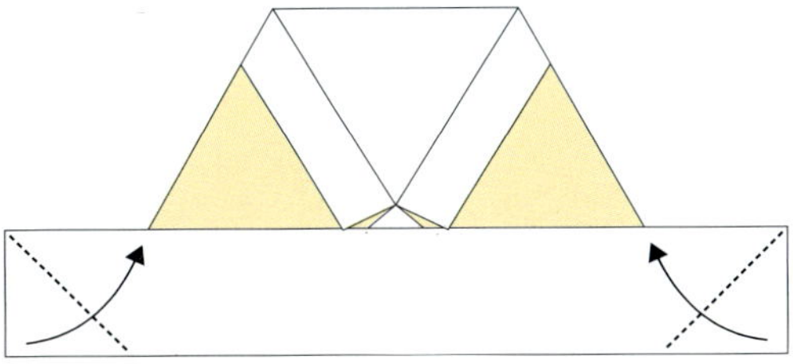

4

りょうはしを　さんかくに　おる

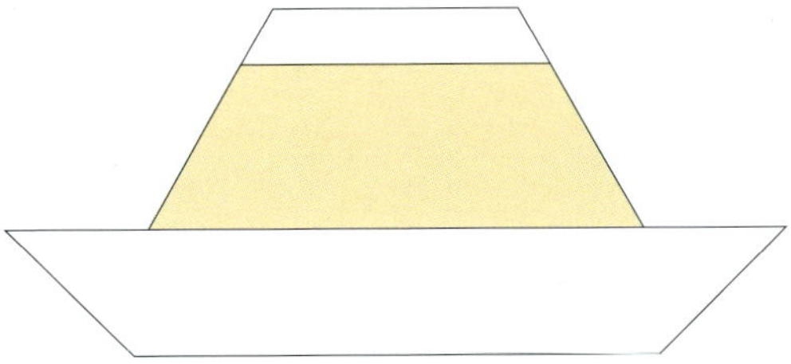

5

できあがり

スプーン

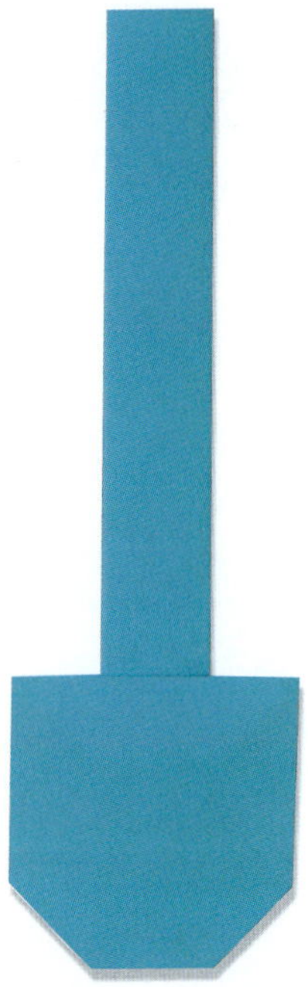

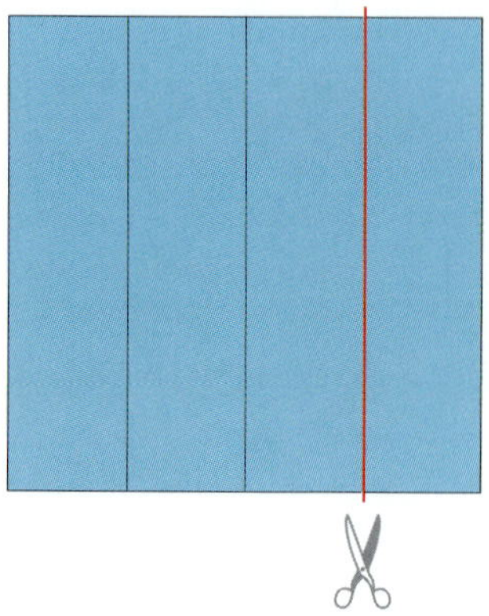

1

かみを　4とうぶんに　きる

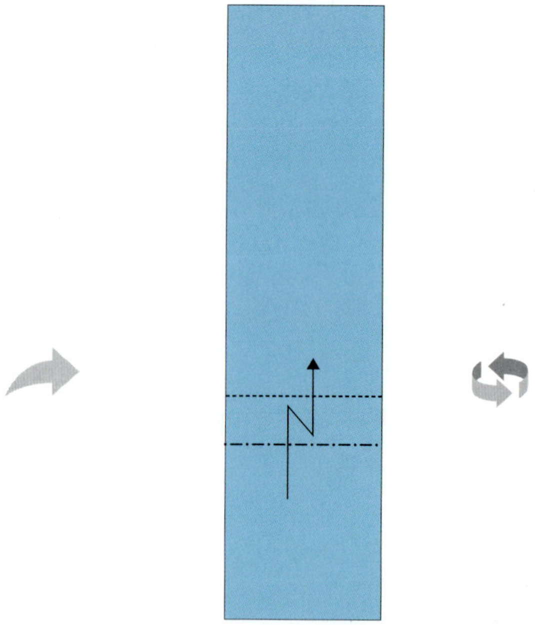

2

はんぶんより　したのところで
だんおりする

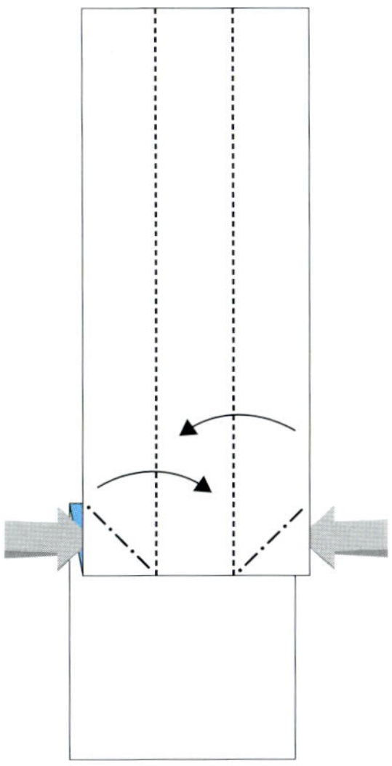

3

ずのように　おりすじを　つけて
あいだを　ひらいて
まんなかで　かさねる
（4のかたちに　なるように）

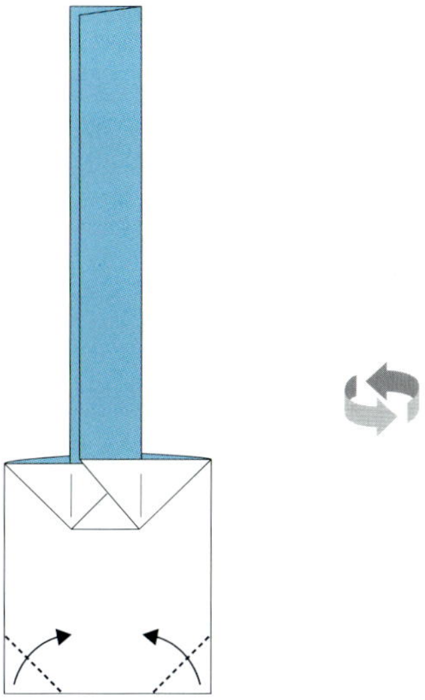

4

したの　かどをすこし　おる

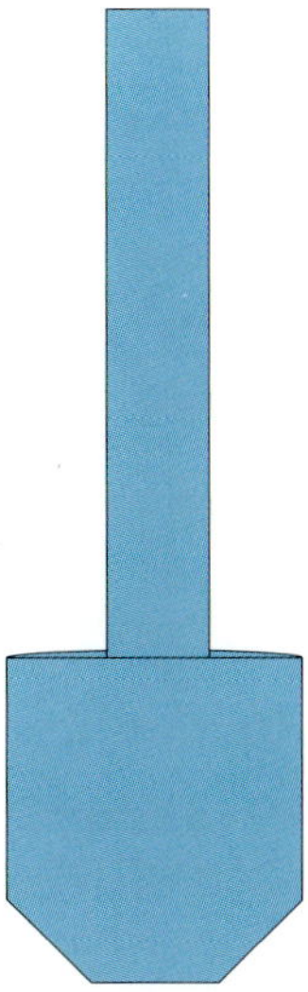

5

できあがり

こおりの　うえでも

ぺたぺた　げんきに　あるいている

ちいさな　はねを　ぱたぱた　させて

ペンギン

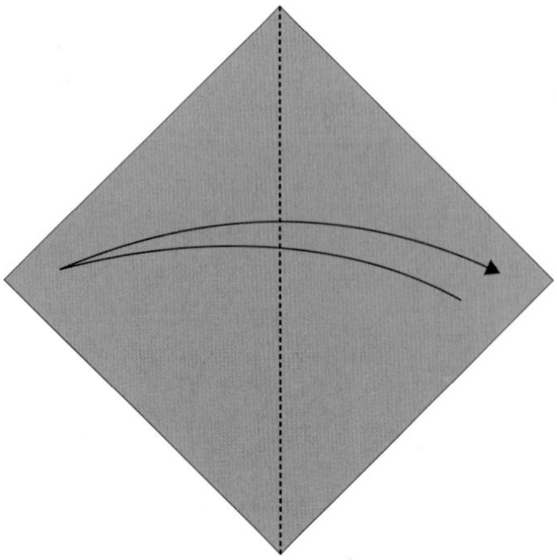

1

おもてを　うえにして
はんぶんに　おって　もどす

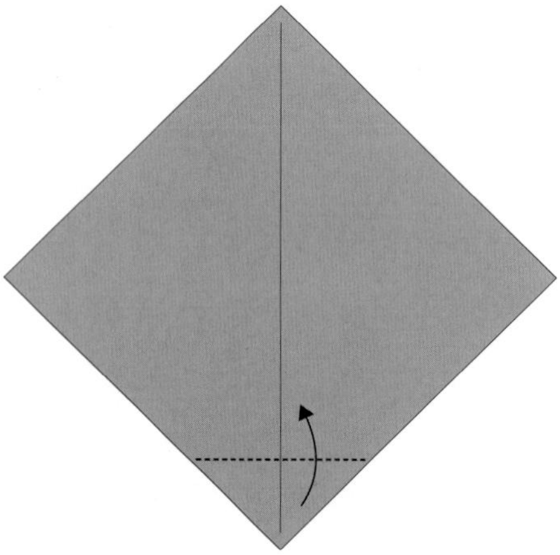

2

したの　かどを　おる

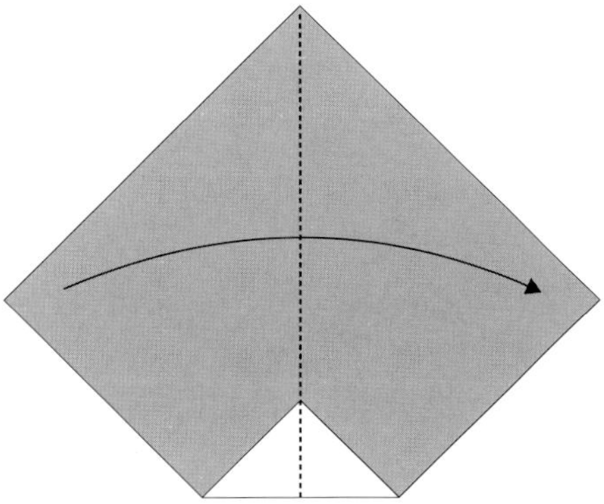

3

はんぶんに　おる

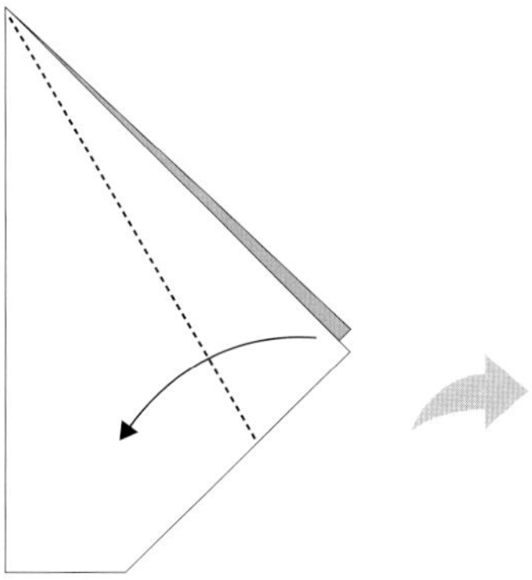

4

うえの　1まいを　ななめに　おる
うらも　おなじ

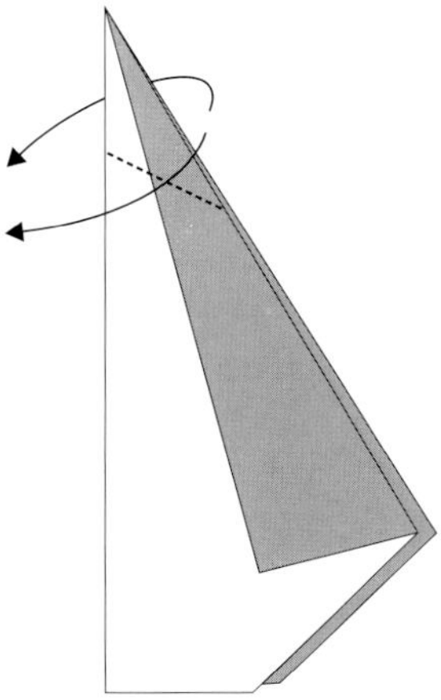

5

かぶせおりする

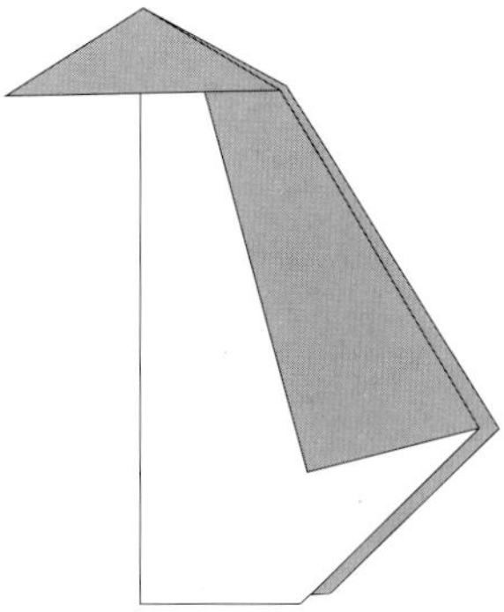

6

できあがり

あのさんかくは？

ねずみ

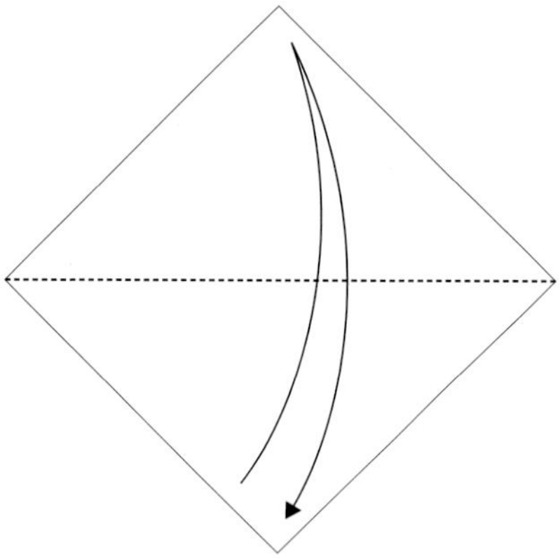

1

はんぶんに　おって　もどす

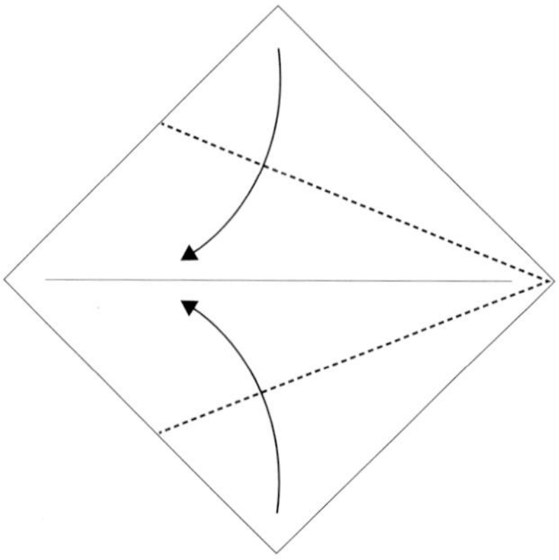

2

まんなかの　せんに　あわせて　おる

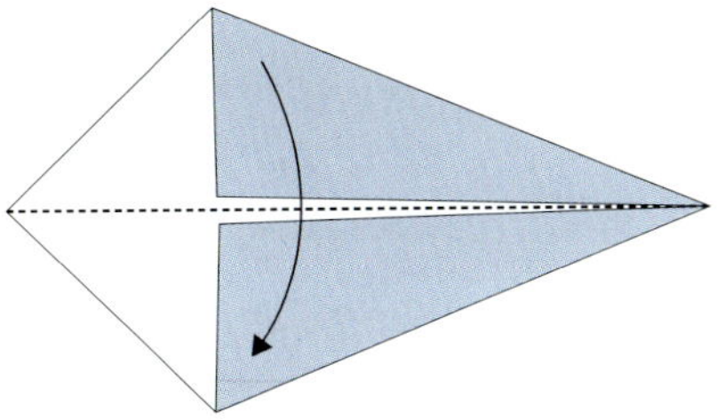

3

はんぶんに　おる

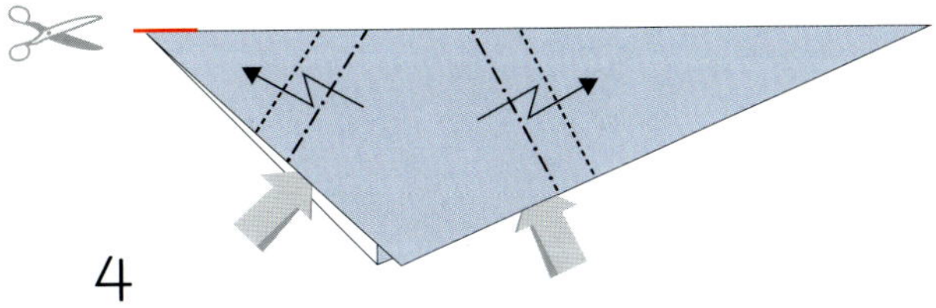

4

2かしょ　あいだを　ひらいて　だんおりする
ひらいた　ところを　もどす
あかいせんの　ところを　はさみで　きる

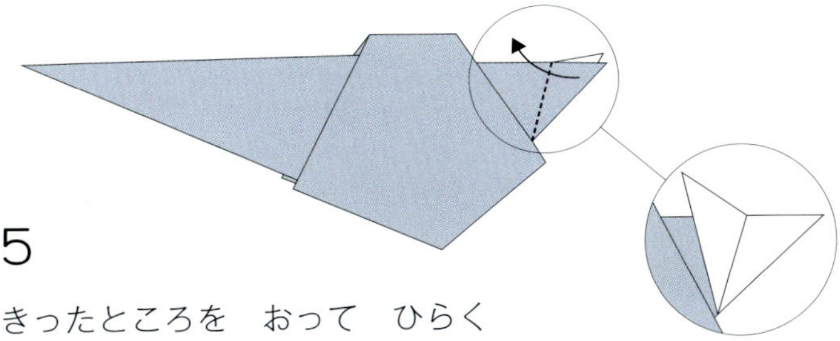

5

きったところを　おって　ひらく

かくだいず

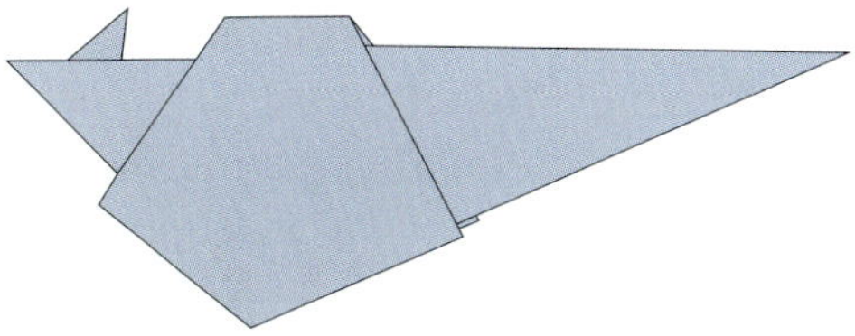

6

できあがり

おとうさんの　はみがきこは

どんな　あじが　するんだろう

kēp

コップ

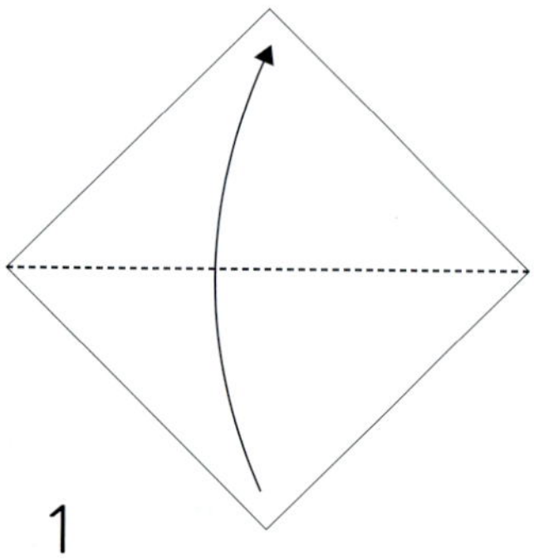

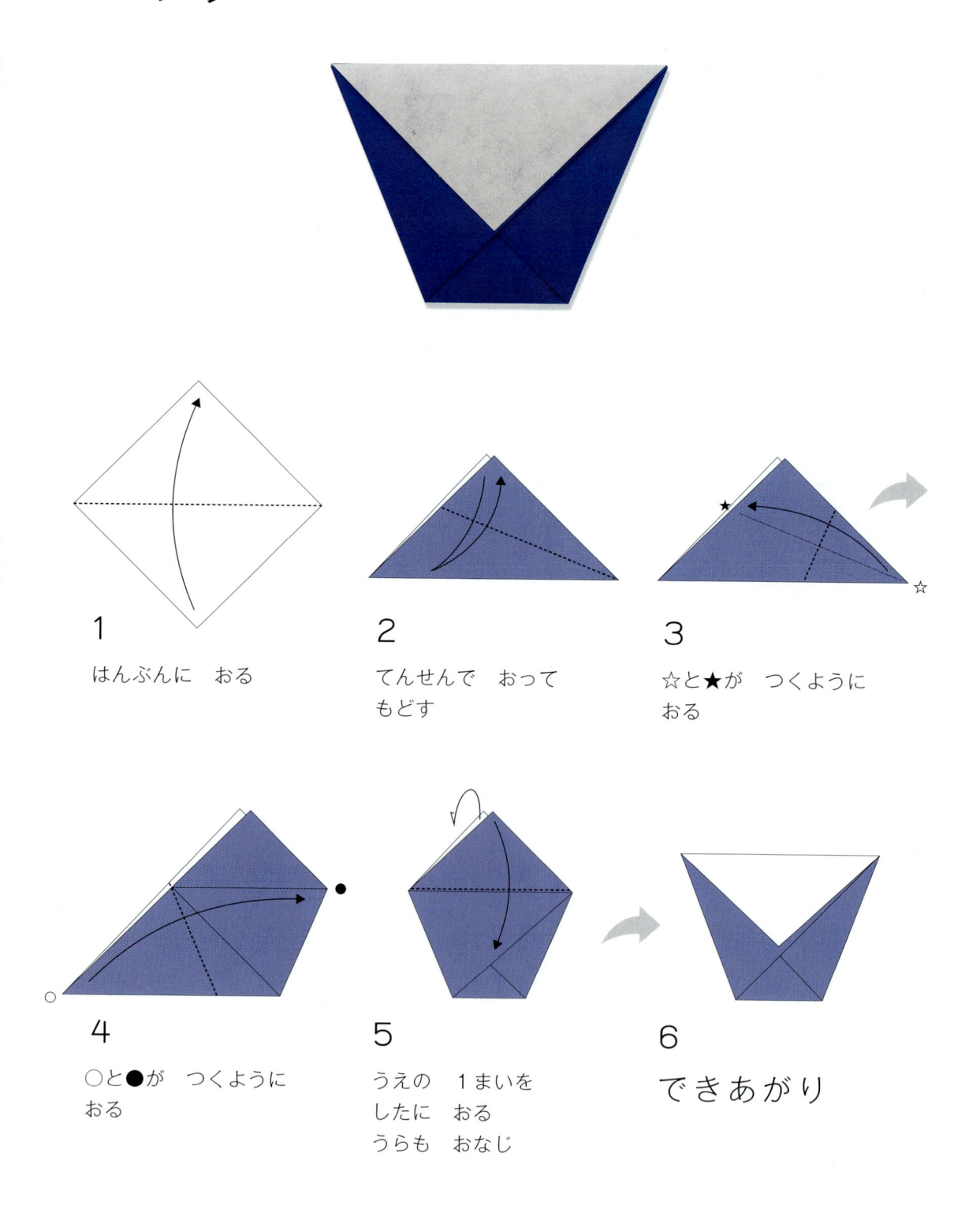

1

はんぶんに　おる

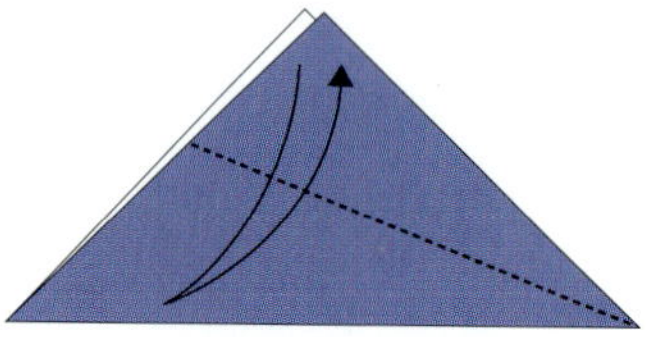

2

てんせんで　おって
もどす

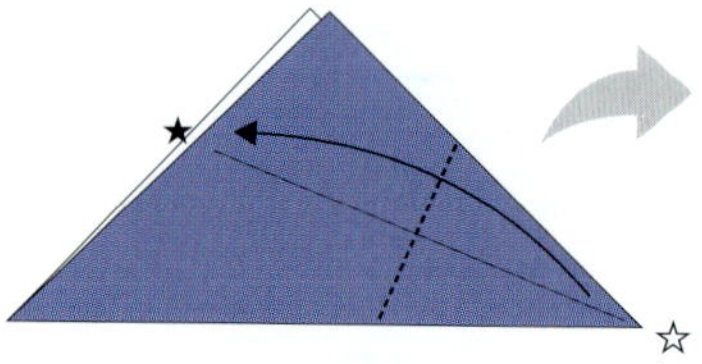

3

☆と★が　つくように
おる

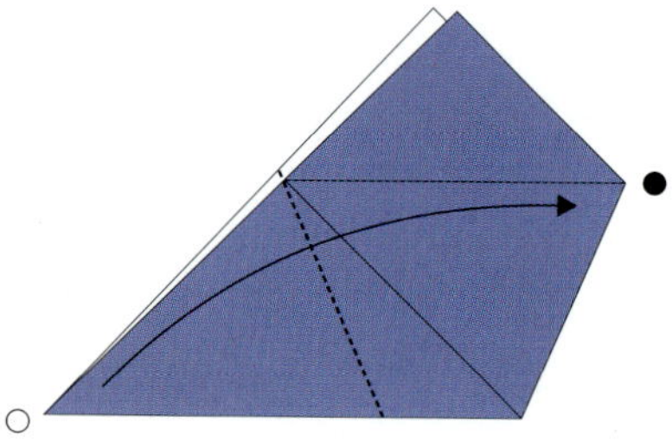

4

○と●が　つくように
おる

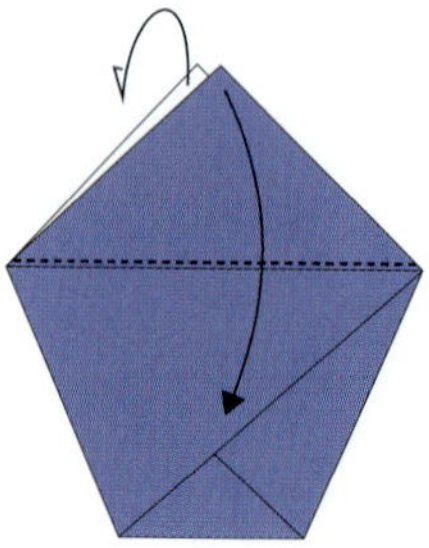

5

うえの　１まいを
したに　おる
うらも　おなじ

6

できあがり

ハブラシ

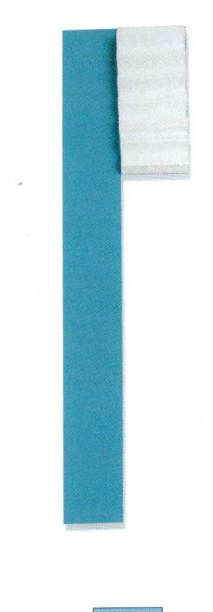

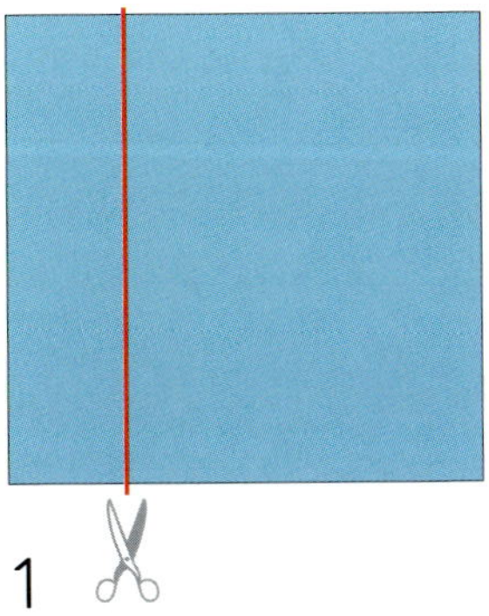

1

かみを　4とうぶんに
きる

2

したから　3ぶんの2
くらいまで　きりこみを
いれる

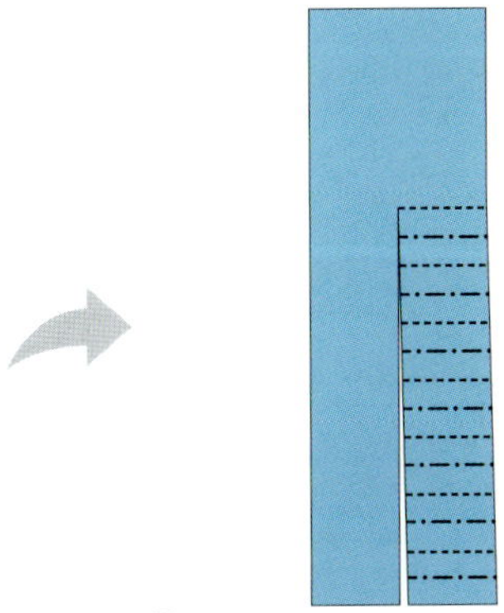

3

やまおり　たにおりを
くりかえす

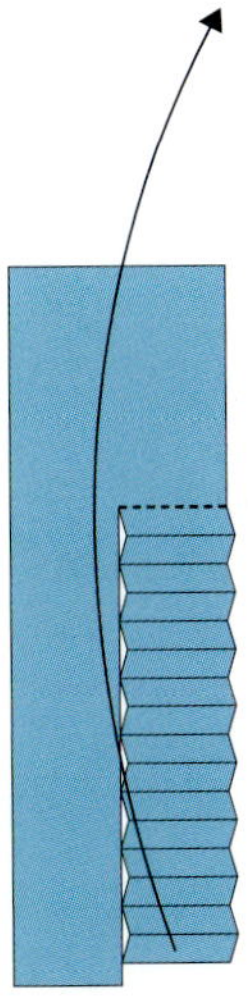

4

うえに　おる

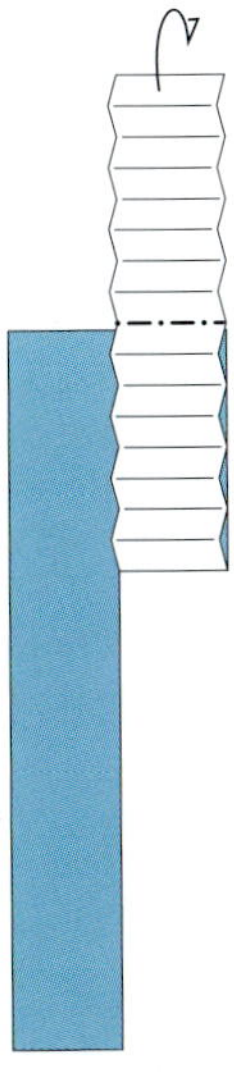

5

うらまで　おりかえして
はしを　のりで　とめる

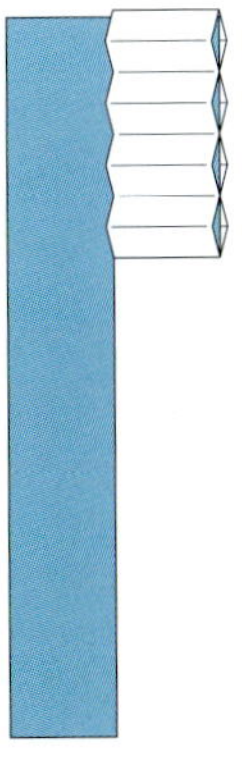

6

できあがり

ちいさな　はなを　あつめたら

おおきな　はなが　できたんだ

うみから　きたの？　みずうみから　きたの？

ほら　およぎだしそう

あじさい

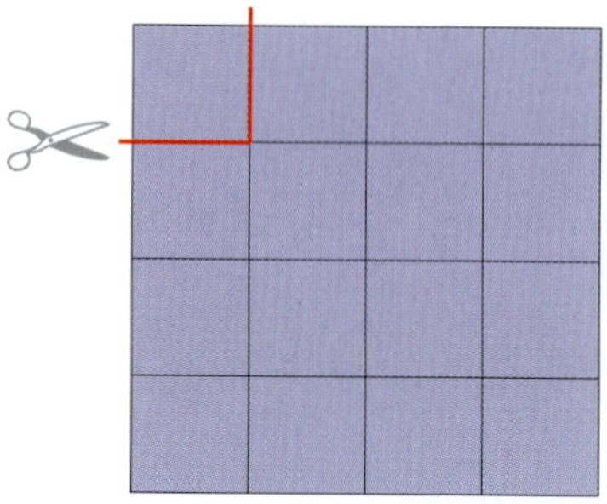

1

おりがみを　ちいさく　きる

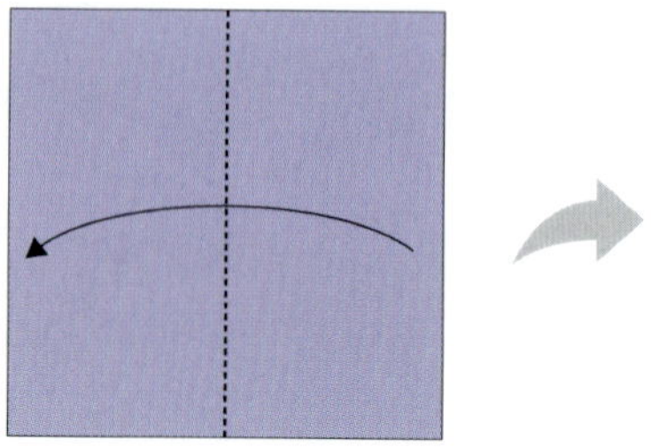

2

おもてを　うえにして
はんぶんに　おる

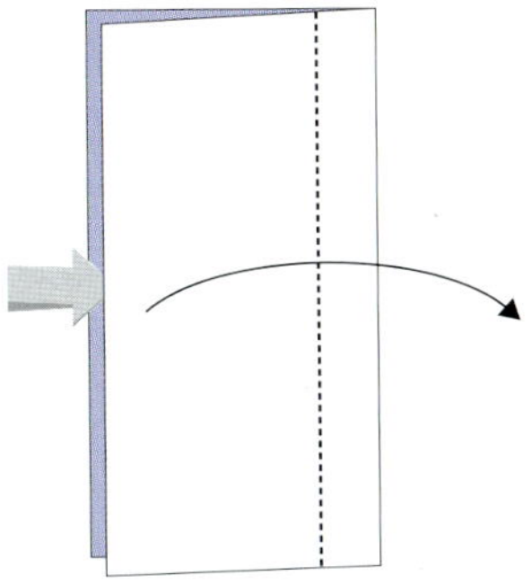

3

うえの　１まいを
てんせんで　おる

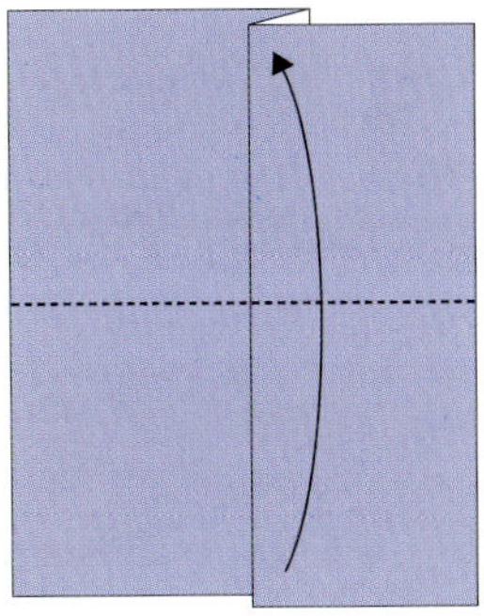

4

はんぶんに　おる

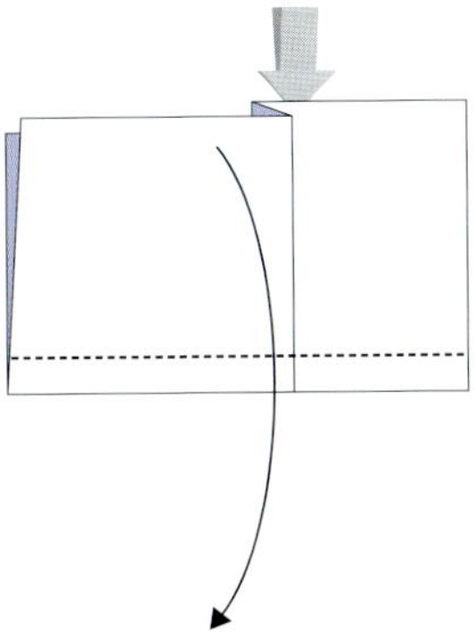

5

うえの　かみを　てんせんで　おる

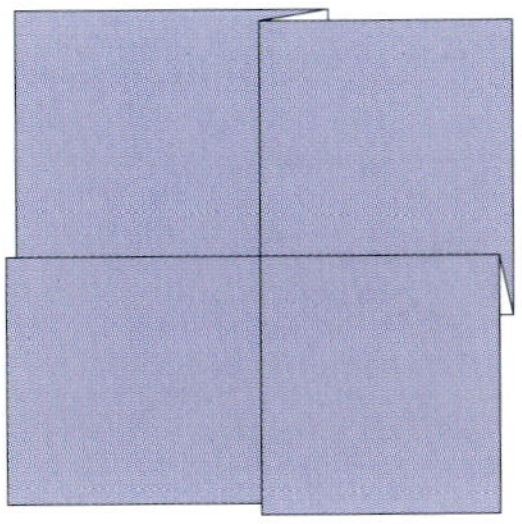

6

はなが　ひとつ　できあがり

7

ちいさい　はなを　たくさん　あつめて
できあがり

さかな

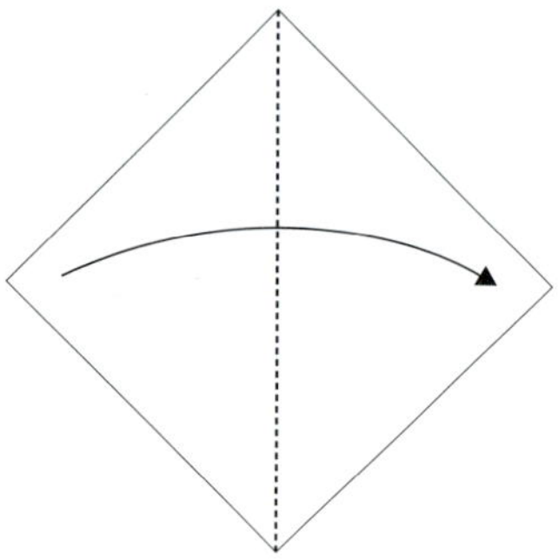

1

はんぶんに　おる

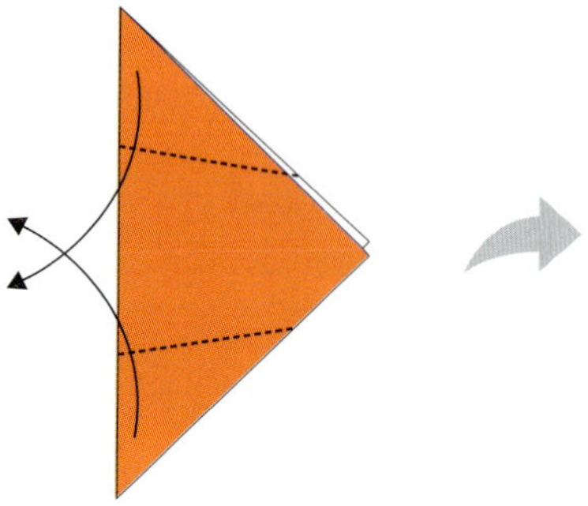

2

てんせんで　ななめに　おる

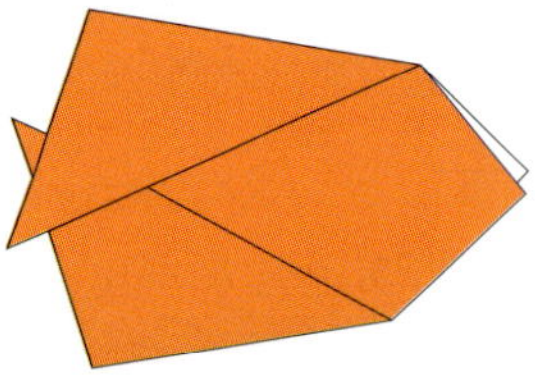

3

おったところ

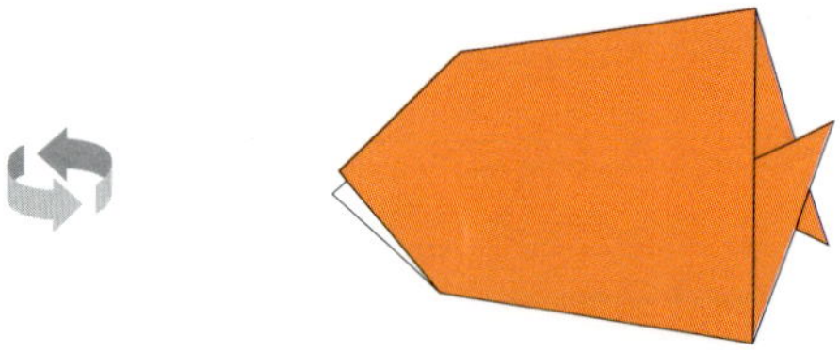

4

できあがり

ねったいぎょ

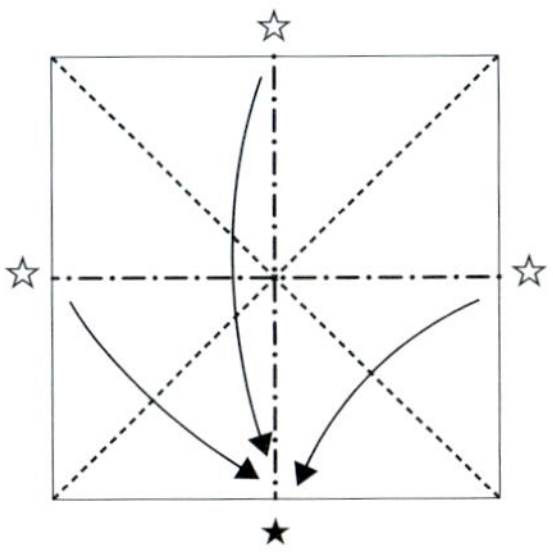

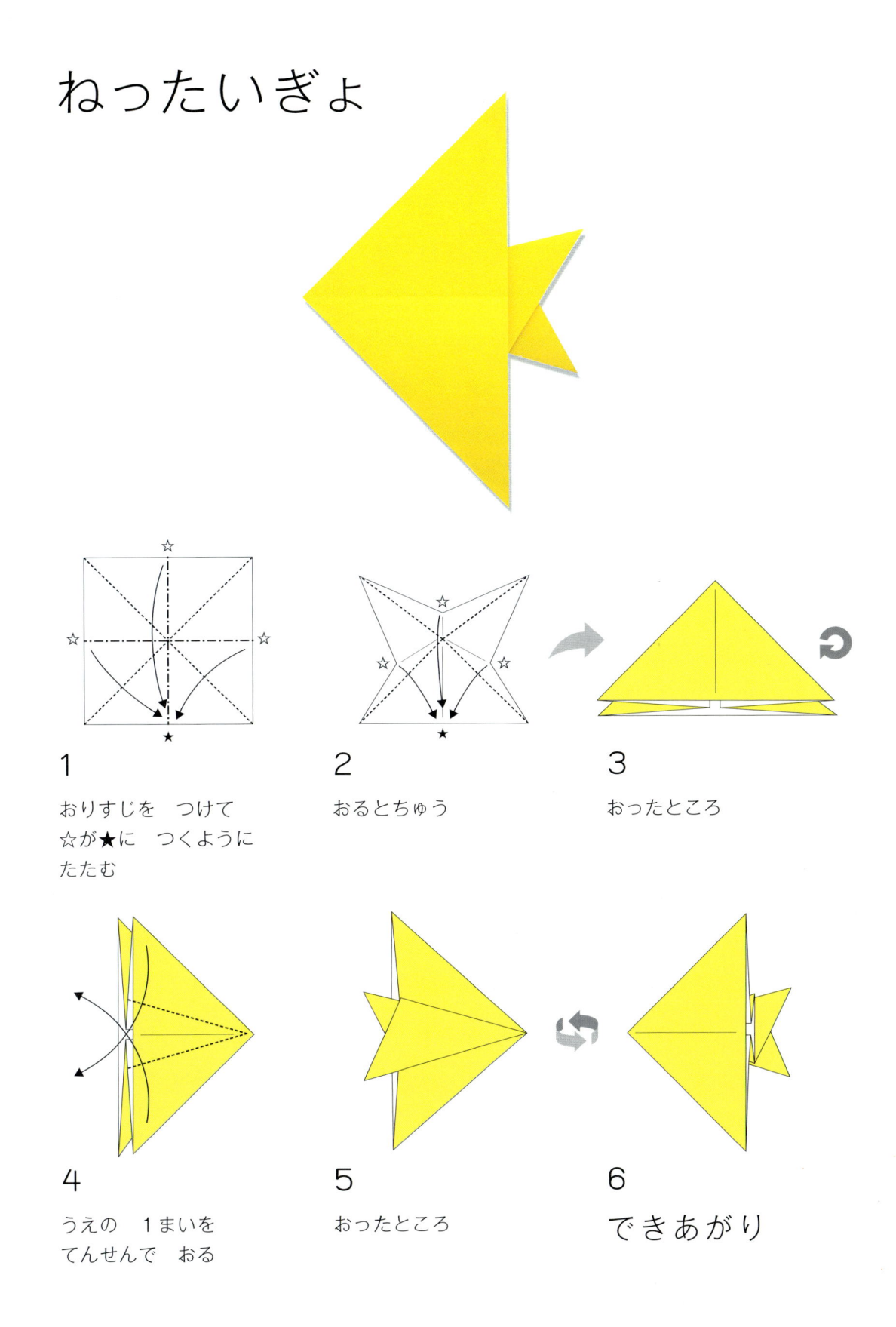

1

おりすじを　つけて
☆が★に　つくように
たたむ

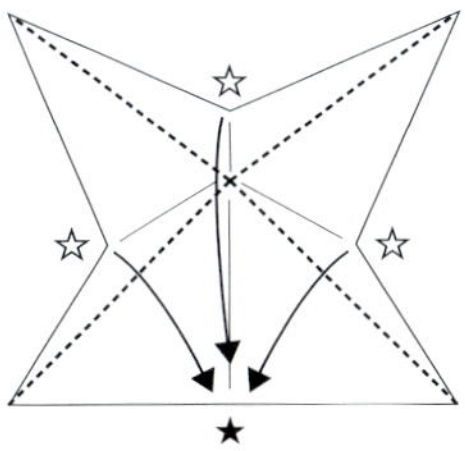

2

おるとちゅう

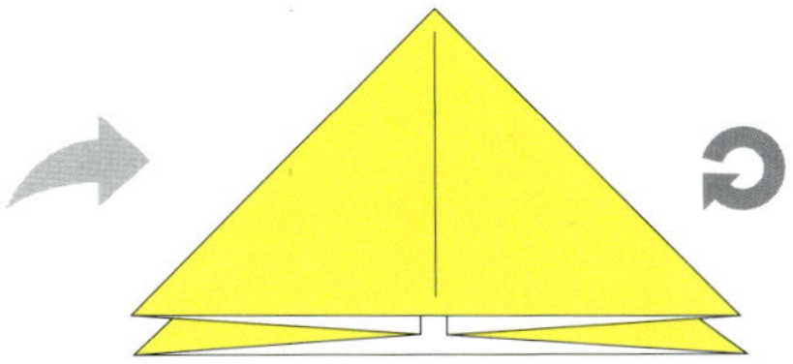

3

おったところ

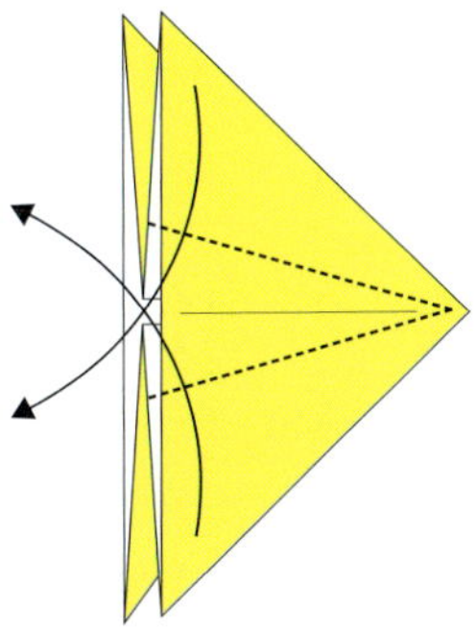

4

うえの　1まいを
てんせんで　おる

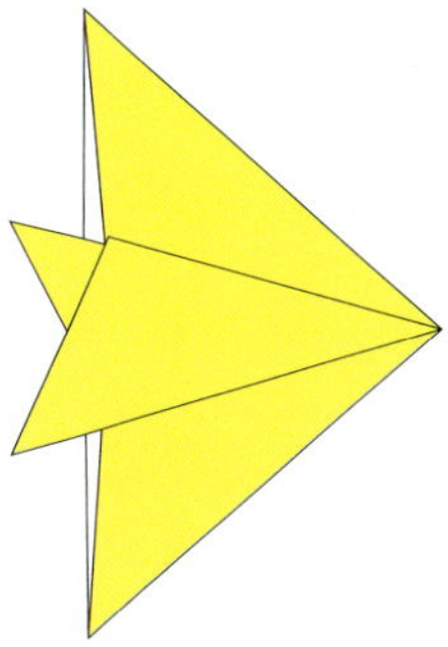

5

おったところ

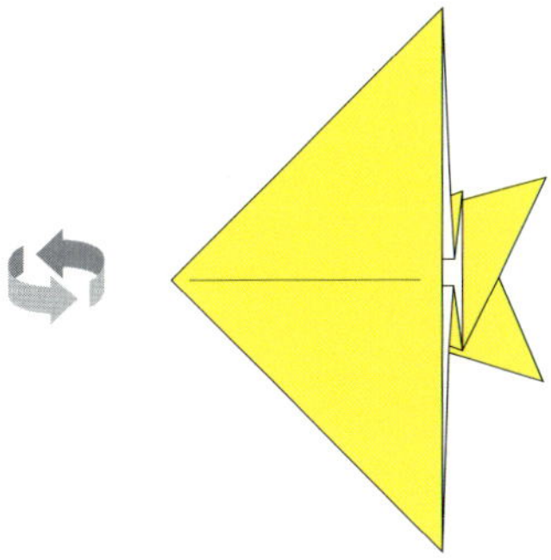

6

できあがり

にわで　さいたよ

たいように　むかって

おおきいのが　さいたよ

88 げつようび
ヒマワリがさいた
みなみ
ゆう

ひまわり

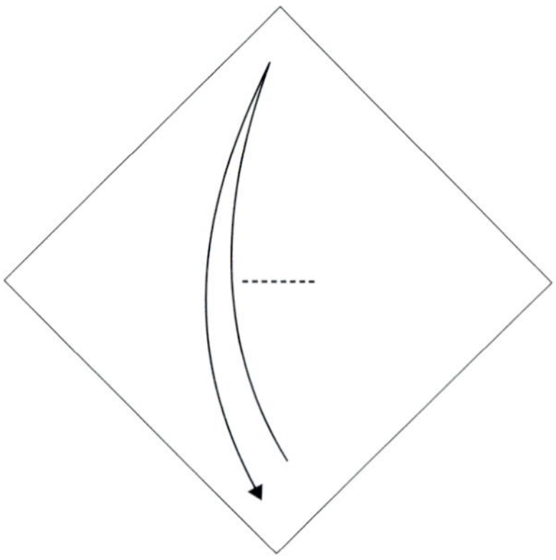

1

さんかくに　かるく　おって
まんなかを　ゆびで　おさえる
かみを　もどす

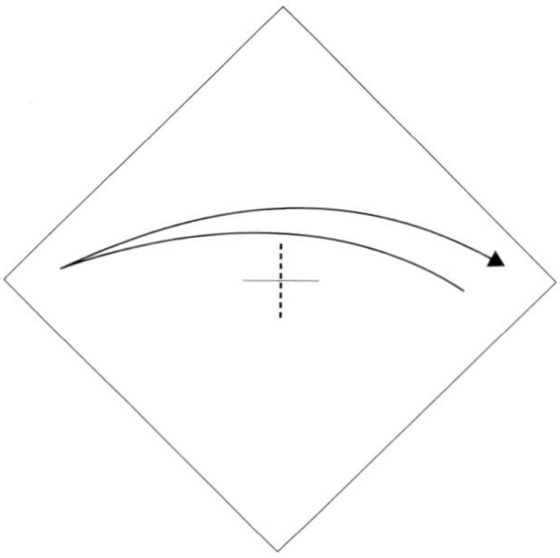

2

となりの　かどから
さんかくに　おって　まんなかを
ゆびで　おさえて　もどす

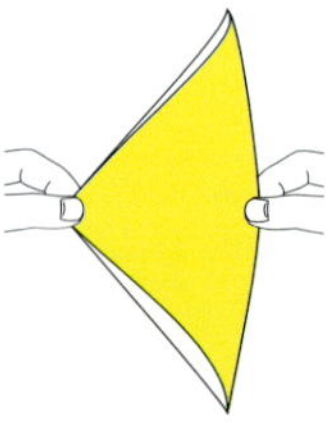

つまんでいるところ

かどどうしを　そろえておくと
ちょうど　まんなかに　おりめが　つきます

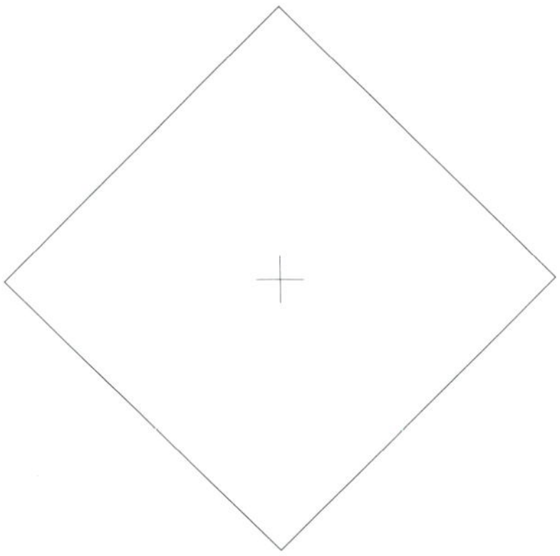

3

まんなかに　しるしが　ついたところ

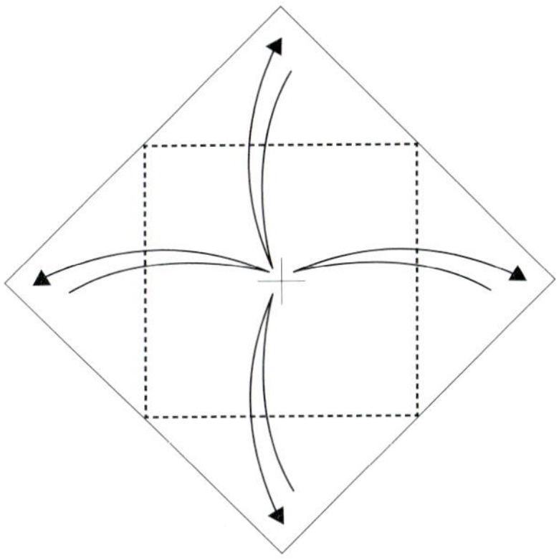

4

4つの　かどを　まんなかまで
おって　もどす

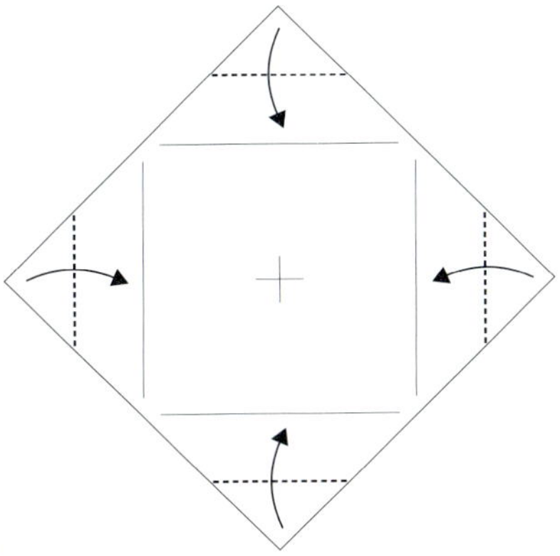

5

4で　つけた　おりすじまで
4つの　かどを　おる

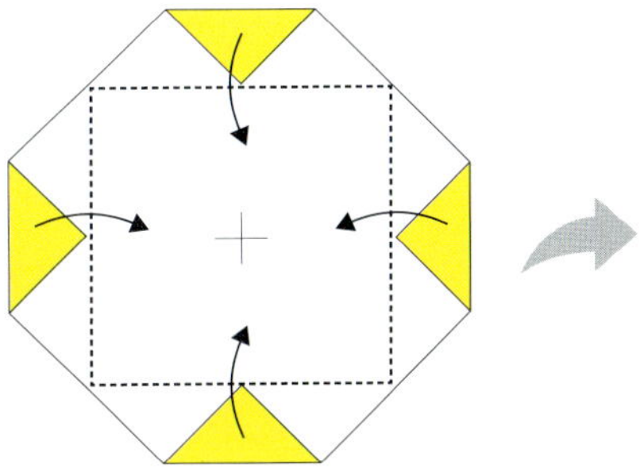

6

おりすじを　つかって　おる

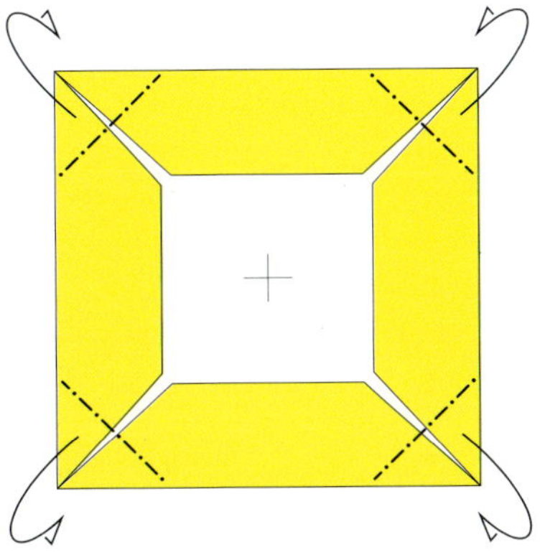

7

かどを　やまおりする

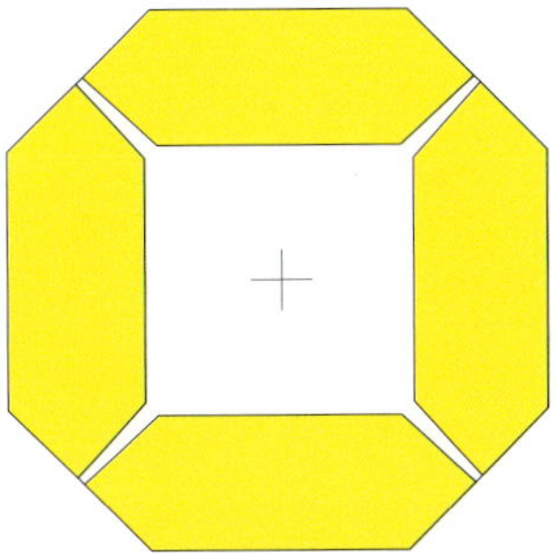

8

できあがり

おりがみで

いっぱい　あそんだら

さあ　さあ

やきたての　ぱんに

あつい　こうちゃを　めしあがれ

ポット

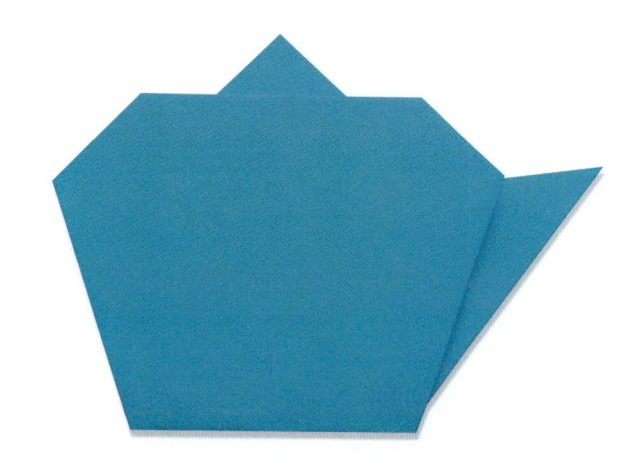

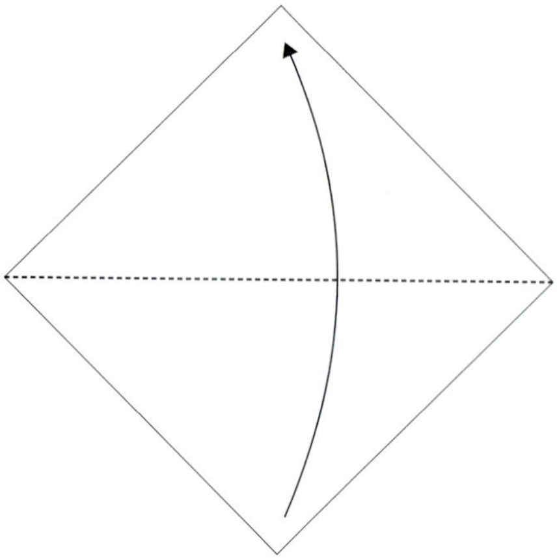

1

はんぶんに　おる

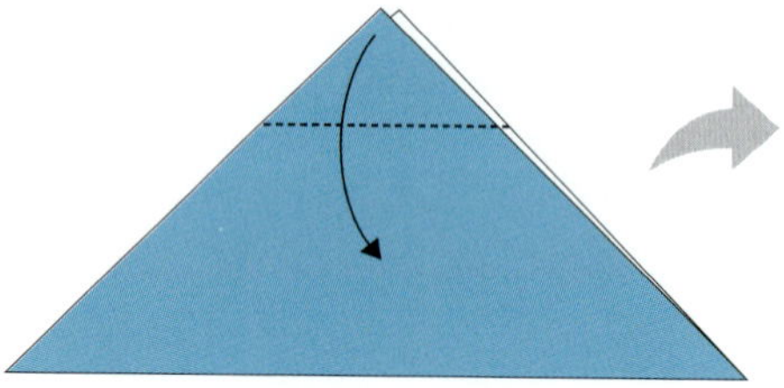

2

２まい　いっしょに
てんせんで　おる

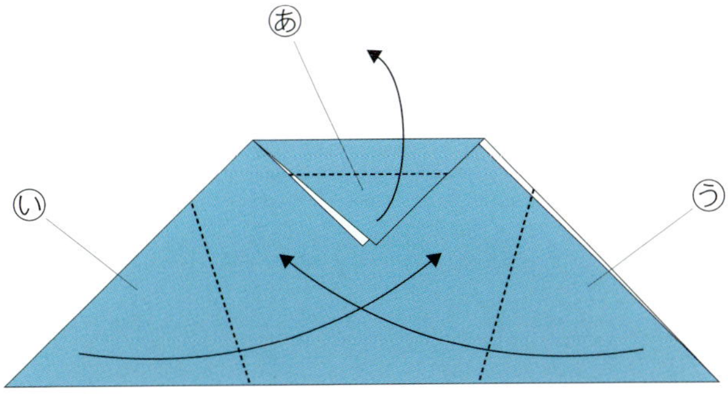

3

あは　2まい　いっしょに　うえに　おる
いとうは　かさなるように　ななめに　おる

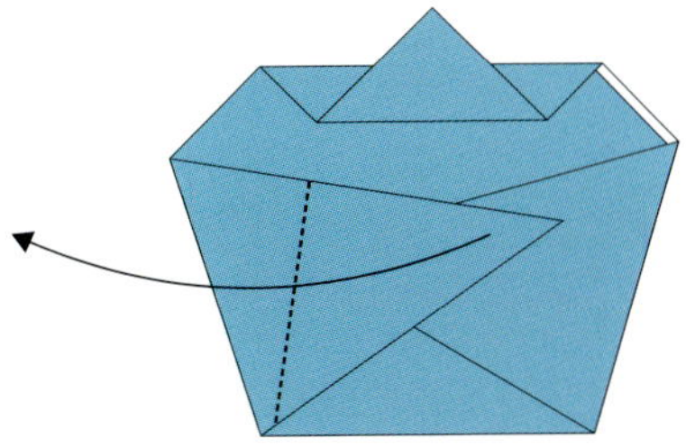

4

てんせんで　おる

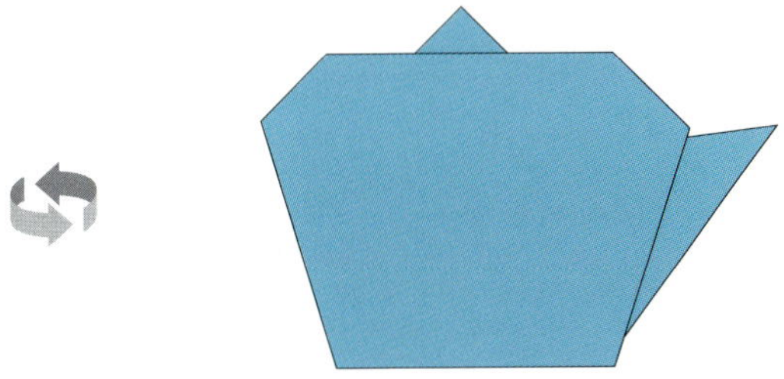

5

できあがり

おうちのかたへ

おりがみについて

おりがみは、およそ400年前から日本で発展してきたもので、いまでは世界共通の子どもたちの遊びになっています。子どものゆたかな想像力を刺激し、自由な発想で広がる世界は無限といってもいいでしょう。

この本では、実際に子どもたちの声を聞き、身近な生きものや小物など、子どもたちが作ってみたいと思う人気の作品を集めました。

初めておりがみにふれる小さな子でも、むりなく簡単に折れるものを紹介しています。

一枚の紙から、さまざまな形が生まれる面白さ、自分の手で何かを作り出していく楽しさ、また、できた作品に絵を描いたり、おもちゃとして遊んだりすることを通して、子どもたちは創造性や自主性を伸ばしていくことでしょう。

親子で会話をしながら一緒に遊べることも、おりがみの利点です。子どもが初めは失敗したり、形がゆがんでも、どうぞあまり気にせずに。一つずつ作品を覚えていけば、おりがみの世界はどんどん広がります。

紙について

この本の中の作品は、15センチ角の「日本紙おりがみ」（発売元／ゆしまの小林）という紙で折っています。一般のおりがみ用紙よりも厚手で折りやすく、顔料を使った色もきれいです。

おりがみの作品は、使う紙や色によってもずいぶん雰囲気が変わります。厚手の紙や和紙は、丈夫で形をととのえやすく、しっかり折れますが、何度も重ねて折る部分があると、堅くて折りにくくなります。

薄手の紙は子どもの指でも折りやすいですが、強度が出ないので、たとえばこの本の「けいたいでんわ」「スプーン」「ハブラシ」などは、少し厚めの紙を使うといいでしょう。

折り方を覚えたら、いろいろな色、いろいろな大きさの紙で折ってみましょう。この本の「コップ」は、大きな紙で折ると、かぶって遊べる「ぼうし」にもなります。きれいな柄の入った紙や包装紙でも楽しい作品ができます。いつでも好きなときに遊べるように、家にいつもおりがみ用の紙を用意しておきましょう。

色について

おりがみで使う紙の「色」についての基礎知識。日本の色のよびかたで説明しています。子どもが色に関心をもったとき参考にしてください。

赤《あか》

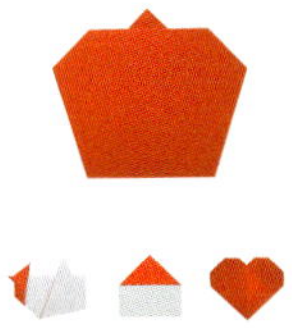

桃色からだいだい色、赤茶色など赤系統の色を総称するときも使います。血液のような色。光の三原色のひとつ。

朱色《しゅいろ》

やや黄味をおびた赤で、あざやかに見えます。本当の朱色は辰砂（しんしゃ）という鉱物から作られます。

黄色《きいろ》

ひまわりや菜の花、バナナや卵の黄身の色。赤・青とともに絵の具や印刷インクでは色の三原色のひとつ。

山吹色《やまぶきいろ》

ヤマブキの花のような赤みのある黄色。黄色の濃い色の和名では、深黄やウコン色があります。

緑《みどり》

木の葉や草の色。とくに新緑のころのものをさす。昔は青に近い色もみどりとよびました。光の三原色のひとつ。

水色《みずいろ》

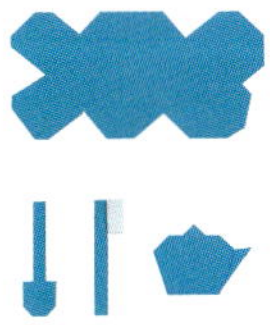

澄んだ水の色。薄い藍色。緑がかった薄い藍色を浅葱色（あさぎいろ・薄いネギの葉の色）ともいいます。

青《あお》

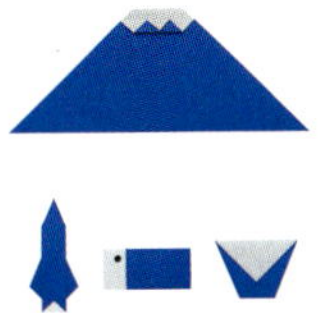

よく晴れた空の色。藍から緑まで、青系統の色を総称していう場合もあります。光の三原色のひとつ。

紫紺《しこん》

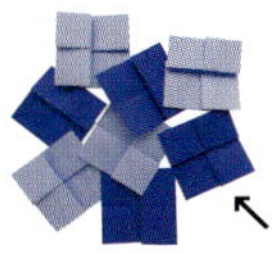

紺色がかった濃い紫色。もうすこし明るくて青みのある紫を江戸紫、赤みのある紫を京紫といいます。

薄紫《うすむらさき》

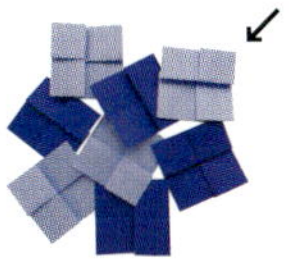

薄い紫色。紫色はムラサキという多年草の根から作られ、古くは身分の高い人だけが用いる色でした。

紅色《べにいろ》

赤の仲間で、紅花染めの代表的な色。日本の伝統色の和名では、あかの仲間だけで40種以上あります。

桃色《ももいろ》

桃の花の色。淡紅色。桜色よりは赤みが強い。近い色に撫子色（なでしこいろ）、薄紅梅などがあります。

茶色《ちゃいろ》

黒みをおびた赤黄色。日本では樺色（かばいろ）、檜皮色（ひわだいろ）など樹皮の色でたとえることが多い。

黒《くろ》

墨や木炭、カラスの羽の色。黒く見えるカブトムシは茶色に近く、ペンギンは青に近く真っ黒ではありません。

鼠色《ねずみいろ》

ねずみの毛のような灰色。薄墨色、青みがかった灰色、銀のような色（銀ねず）まで広い範囲の色があります。

白《しろ》

雪のような色。シロウサギや白鳥の毛の色。科学的には、太陽の光線をぜんぶ反射したときに感じられる色。

おわりに

さいしょは　おうちのひとと

いっしょに　よんで　あそんでください。

おりかたを　おぼえたら、

あとは　じゆうに　このほんを　つかって、

おりがみを　たくさん　おってみましょう。

ほんに　さくひんを　はったり、

えを　かいたりしても　かまいません。

じゆうにあそんで、

おりがみを　だいすきに　なってください。

監修　小林一夫　こばやしかずお

1941年東京生まれ。内閣府認証NPO法人国際おりがみ協会理事長。お茶の水・おりがみ会館館長。全国の折り紙教室で指導や講演を行うかたわら、世界各国で折り紙や和紙を通じた国際交流・日本文化の紹介活動を行っている。著書に「DVDではじめる おりがみ」、「たのしいおりがみ」(池田書店)、監修に「みんなで遊べるおもしろおりがみ」、「頭がよくなるこどものおりがみ」(文化出版局)ほか多数。

スタッフ

アートディレクション&デザイン……吉池康二(アトズ)
編集……宮下　真(オフィスM2)
撮影……森本美絵
スタイリング……田中美和子
モデル……南　祐宇
作品制作・折り図作成……湯浅信江
撮影協力……「ゆしまの小林」
お茶の水・おりがみ会館
http://www.origamikaikan.co.jp

こども おりがみ

監修者　小林一夫
発行者　池田　豊
印刷所　大日本印刷株式会社
製本所　大日本印刷株式会社
発行所　株式会社池田書店
東京都新宿区弁天町43番地(〒162-0851)
電話03-3267-6821(代)
振替0012-9-60072
落丁、乱丁はお取り替えいたします。

ISBN978-4-262-15264-6

0800005